DE LA RÉCIDIVE

D'APRÈS

LA LOI DES 18 AVRIL–13 MAI 1863

COMMENTAIRE

DES NOUVEAUX ARTICLES 57 ET 58 DU CODE PÉNAL

PAR

M. THÉOPHILE BAZOT

Docteur en droit,
Substitut du Procureur impérial à Bordeaux.

1 fr. 50 franco

PARIS

LIBRAIRIE DE JURISPRUDENCE DE MENARD,

20, RUE DES GRÈS, PRÈS L'ÉCOLE DE DROIT

1864

DE LA RÉCIDIVE

D'APRÈS

LA LOI DES 18 AVRIL—13 MARS 1863

DE LA RÉCIDIVE

D'APRÈS

LA LOI DES 18 AVRIL-13 MAI 1863

COMMENTAIRE

DES NOUVEAUX ARTICLES 57 ET 58 DU CODE PENAL

PAR

M. THÉOPHILE BAZOT

Docteur en droit,
Substitut du Procureur impérial à Bordeaux.

PARIS

LIBRAIRIE DE JURISPRUDENCE DE MENARD,

20, RUE DES GRÈS, PRÈS L'ÉCOLE DE DROIT

1864

DE LA LOI DU 18 AVRIL-13 MAI 1863

AU POINT DE VUE DE LA RÉCIDIVE

Les réformes introduites en 1863 dans le Code pénal ont été très-diversement appréciées, et les critiques n'ont pas manqué à l'œuvre de nos modernes législateurs. La pratique ne tardera pas, je l'espère, à démontrer l'exagération des reproches adressés à la loi, et, sans prétendre que tout y soit pour le mieux, je crois que bientôt les esprits moins prévenus devront reconnaître qu'elle a réalisé dans notre législation criminelle une amélioration certaine. Quoi qu'il en soit, la loi nouvelle n'échappe, pas plus que ses devancières, aux difficultés d'interprétation, et tous les recueils ont déjà signalé, à l'occasion de la récidive, une controverse qui divise profondément les auteurs et la jurisprudence. La question dont je vais parler s'est présentée devant deux Cours d'assises, et a donné lieu à un arrêt de la Cour de cassation (1); des criminalistes distingués ont émis pour sa solution des systèmes divergents. La discussion est donc ouverte, et je voudrais en profiter pour donner place, dans ce débat, à une opinion que personne ne semble avoir choisie et dont la simplicité me frappe plus que toutes celles qui ont été exprimées jusqu'ici. J'aurais aimé à la voir patroner par un auteur autorisé; mais, puisque ce soutien lui a manqué, je la produis toute seule: on la jugera.

(1) Voir à la fin de cette brochure la note additionnelle.

Avant de l'exposer, toutefois, il est nécessaire d'entrer dans quelques détails préliminaires :

Les textes relatifs à la récidive ont de tout temps donné lieu à des difficultés sérieuses. Le Code pénal de 1810 souleva, le premier, des questions délicates; le Code de 1832, dissipant certains doutes nés de la rédaction précédente, en laissa subsister une partie et en fit naître de nouveaux ; la loi de 1863 n'a pas mieux réussi à éteindre toute controverse. Retraçons donc ici, comme une introduction nécessaire, l'état de la législation antérieure.

Le Code de 1810 avait établi, en matière de récidive, une classification que nous retrouverons encore dans le Code pénal de 1863 : récidive de crime à crime, récidive de crime à délit, récidive de délit à délit. Le premier terme de la récidive en matière criminelle était, suivant le Code de 1810, une condamnation *pour crime ;* mais certains crimes n'étaient parfois passibles que de peines correctionnelles : la condamnation pour crime à une peine correctionnelle pouvait-elle constituer le premier terme de la récidive de crime à crime ? Ce fut là l'occasion d'un vif débat: les uns s'attachaient à la lettre de la loi, les autres suivaient de préférence son esprit et, comme l'a très-bien dit un judicieux commentateur, il s'en était suivi une véritable anarchie dans la doctrine et la jurisprudence. Je n'insiste pas autrement, car c'est là une vieille querelle qui ne saurait plus se ranimer. L'art. 56 sorti de la réforme de 1832 disait très-clairement : « *Quiconque ayant été condamné à une peine afflictive ou infamante* aura commis un second crime......* » Le Code de 1810 avait soulevé plusieurs autres difficultés d'interprétation, mais, comme elles ont persisté après la réforme de 1832, je quitte définitivement cette première période pour aborder celle de 1832 où je rencontrerai, avec d'autres, les questions auxquelles je viens de faire allusion.

L'art. 56 prévoit la récidive de crime à crime et la caractérise par l'état de celui qui, précédemment condamné à une peine afflictive et infamante, aura commis un second crime.

L'art. 57 prévoit la récidive de crime à délit et la caractérise par l'état de celui qui, précédemment condamné pour crime, aura commis ensuite un délit.

Le rapprochement de ces deux textes a suscité de graves embarras dans certaines hypothèses que je vais rappeler : un individu, précédemment condamné à une peine afflictive et infamante, est poursuivi pour crime; mais une déclaration de circonstances atténuantes, ou l'admission d'une excuse, l'exposent seulement à une peine correctionnelle ; encourra-t-il la récidive de l'art. 56 ou celle de l'art. 57 ? Dans le cas de dégénérescence de la peine afflictive ou infamante en peine correctionnelle par suite de l'admission d'une excuse, à qui appartiendra-t-il de reconnaître en faveur de l'accusé, s'il y a lieu, le bénéfice des circonstances atténuantes? à la Cour d'assises, ou au jury? Graves questions qui ont, dès l'origine, arrêté la doctrine et la jurisprudence, et que je me borne à signaler ici, sauf à les discuter sous l'empire de la loi nouvelle.

L'art. 57 n'est pas, en effet, d'une clarté irréprochable, et, indépendamment des questions qu'avait fait naître son rapprochement avec l'art. 56, d'autres dissidences avaient surgi à son sujet. On s'est demandé, en effet, si une condamnation quelconque pour crime (même à une peine correctionnelle inférieure à une année d'emprisonnement) pouvait devenir le premier terme de la récidive de crime à délit, ou si, au contraire, pour constituer l'aggravation, il était nécessaire que la condamnation eût consisté dans une peine afflictive et infamante? Les termes nouveaux de la loi de 1863 paraissent bien avoir eu pour but et pour effet de trancher cette controverse, mais ce n'est pas là le moment de l'établir, et je continue mon exposé.

Enfin l'art. 58 du Code pénal précisait la récidive de délit à délit et la caractérisait par l'état de celui qui, précédemment condamné correctionnellement à un emprisonnement de plus d'une année, commettait un nouveau délit. Ce dernier texte n'était pas non plus sans ambiguïté, et il souleva les deux questions suivantes : 1° le premier terme de la récidive de l'art. 58 doit-il être une condamnation correctionnelle pour délit, ou peut-il consister dans une condamnation correctionnelle pour crime? 2° le second terme de cette récidive doit-il être un délit, ou peut-il consister dans un crime que la déclaration des circonstances atténuantes, d'une excuse ou d'un état de minorité, rend passible de peines correctionnelles seulement ? L'accord ne s'établit pas mieux sur ces deux points que sur les précédents, et ici encore je constate les divergences sans en approfondir es causes.

Il convient d'ajouter, pour en finir avec ce tableau de la législation antérieure, que le Code pénal ne reconnaissait pas de récidive de délit à crime, la peine normale attachée au crime ayant paru constituer une aggravation nécessaire amplement suffisante. De plus, une règle, d'abord contestée, mais ensuite fortement appuyée par la plupart des auteurs et la Cour de cassation, dominait cette matière spéciale : c'est que le calcul de la récidive devait précéder tous les autres et notamment l'atténuation résultant de l'admission des circonstances atténuantes.

En résumé, l'état de la législation antérieure peut se traduire en un certain nombre de propositions, les unes certaines, les autres contestées, propositions que j'inscris ici d'autant plus volontiers qu'elles serviront de division naturelle au commentaire des nouveaux articles de la loi sur la récidive :

1° *Propositions certaines :*

I. Le condamné à une peine antérieure afflictive ou infamante qui est reconnu coupable sans circonstances atténuantes d'un nouveau crime, encourt la récidive de l'art. 56.

II. Le condamné à une peine antérieure afflictive ou infamante, reconnu coupable d'un délit, encourt la récidive de l'article 57.

III. Le condamné pour délit à une peine antérieure de plus d'une année d'emprisonnement, reconnu coupable d'un nouveau délit, encourt la récidive de l'art. 58.

IV. Le condamné pour délit à une peine correctionnelle antérieure, reconnu coupable sans circonstances atténuantes d'un crime, n'encourt aucune aggravation de peine.

2° *Propositions contestées :*

I. Le condamné à une peine afflictive ou infamante antérieure, reconnu coupable d'un crime avec circonstances atténuantes ou avec admission d'une excuse, encourt la récidive de l'article 56.

II. Le condamné à une peine afflictive ou infamante antérieure, reconnu coupable d'un crime avec admission de circonstances atténuantes ou d'une excuse, encourt la récidive de l'article 57.

III. Le condamné pour crime à une peine antérieure quelconque encourt, en cas de nouveau délit, la récidive de l'article 57.

IV. Le condamné pour crime à une peine antérieure de plus d'une année d'emprisonnement encourt, en cas de nouveau délit, la récidive de l'art. 58.

V. Le condamné pour crime à une peine antérieure de moins d'une année d'emprisonnement n'encourt, en cas de nouveau délit, ni la récidive de l'art. 57 ni la récidive de l'article 58.

VI. Le condamné à une peine antérieure de plus d'une année d'emprisonnement encourt, au cas de crime passible de peines correctionnelles, la récidive de l'art. 58.

VII. Le condamné à une peine antérieure de plus d'une année d'emprisonnement n'encourt pas, au cas de crime passible de peines correctionnelles, la récidive de l'art. 58.

VIII. Lorsque le crime est passible de peines correctionnelles, par suite de l'admission d'une excuse ou de la reconnaissance d'un état de minorité, la déclaration des circonstances atténuantes appartient à la Cour d'assises.

IX. Lorsque le crime est passible de peines correctionnelles, par suite de l'admission d'une excuse ou de la reconnaissance d'un état de minorité, la déclaration des circonstances atténuantes appartient au jury.

X. Le calcul de la récidive doit précéder le calcul de toutes les causes d'atténuation.

Cet exposé préliminaire peut suffire au but que je poursuis, et maintenant j'aborde l'examen de la loi du 13 mai 1863.

Cette loi a laissé subsister l'art. 56 du Code pénal, sans rien innover dans ses termes, mais elle a profondément modifié les art. 57 et 58. Pour bien apprécier la portée de cette modification, il me faudra souvent comparer les nouveaux textes avec les anciens, et, pour faciliter ce rapprochement, je transcris les uns et les autres :

« Ancien art. 57. Quiconque, ayant été condamné pour un crime, aura commis un délit de nature à être puni correctionnellement, sera condamné au maximum de la peine portée par la loi, et cette peine pourra être élevée jusqu'au double. »

« Nouvel art. 57. Quiconque, ayant été condamné pour crime *à une peine supérieure à une année d'emprisonnement*, aura commis un délit *ou un crime qui devra n'être puni que de peines correctionnelles*, sera condamné au maximum de la peine portée par la loi, et cette peine pourra être élevée jusqu'au double. — *Le condamné sera de plus mis sous la surveillance spéciale de la haute police, pendant cinq ans au moins et dix ans au plus.* »

« Ancien art. 58. Les coupables condamnés correctionnellement à un emprisonnement de plus d'une année seront aussi, en cas de nouveau délit, condamnés au maximum de la peine portée par la loi, et cette peine pourra être élevée jusqu'au double : ils seront de plus mis sous la surveillance du gouvernement pendant au moins cinq années et dix ans au plus. »

« Nouvel art. 58. Les coupables condamnés correctionnellement à un emprisonnement de plus d'une année seront aussi, en cas de nouveau délit *ou de crime qui devra n'être puni que de peines correctionnelles*, condamnés au maximum de la peine portée par la loi, et cette peine pourra être élevée jusqu'au double : ils seront de plus mis sous la surveillance spéciale du gouvernement pendant au moins cinq années et dix ans au plus. »

Déjà, ainsi que je l'indiquais en commençant cet article, bien des efforts ont été tentés pour l'interprétation des nouveaux textes sur la récidive, et, à cette heure, de nombreuses dissertations existent sur la matière. En lisant ces divers documents, on demeure toutefois frappé de certaines préoccupations exclusives qui paraissent avoir déterminé les opinions du quelques auteurs. Dominés par le souvenir des anciens principes et des précédents de la jurisprudence, ces jurisconsultes ont cherché, à tout prix, à plier les nouvelles dispositions à des règles doctrinales antérieures, et ils n'ont pas toujours pris garde que ce soin exclusif les exposait à méconnaître la pensée du législateur. Il me semble, quant à moi, qu'il convient de procéder autrement : il faut rechercher, par une analyse attentive du texte et par l'étude des travaux préparatoires, le sens précis de la loi nouvelle, et ce n'est qu'après s'être assuré de ce point essentiel qu'il peut être permis de rapprocher les nouveaux principes des anciens pour les combiner, autant que faire se pourra. C'est là encore une réflexion générale, mais on en verra plus tard l'opportunité; c'est d'ailleurs la dernière que je veuille présenter avant d'aborder directement mon sujet.

Maintenant, je vais reprendre une à une chacune des propositions que j'ai énoncées plus haut, et qui découlaient, soit avec évidence du texte des anciens articles, soit avec plus ou moins d'incertitude, de la doctrine et de la jurisprudence antérieures. En examinant la valeur chacune d'elles, sous l'empire de la loi du 13 mai 1863, je serai ainsi amené à exposer l'interprétation des nouveaux art. 57 et 58 du Code pénal.

J'indiquais comme certaines, sous l'empire de la législation de 1832, les quatre propositions suivantes :

1° Le condamné à une peine afflictive ou infamante qui est ultérieurement reconnu coupable sans circonstances atténuantes d'un crime emportant une peine afflictive ou infamante, encourt la récidive de l'art. 56 du Code pénal.

Cette proposition, établie manifestement par les termes de l'art. 56 (1832), n'est pas moins évidente aujourd'hui, car l'art. 56 n'a pas été expressément modifié par la loi de 1863, et aucune des dispositions de cette dernière loi ne réagit implicitement sur la vérité de notre proposition.

2° Le condamné à une peine afflictive ou infamante reconnu ultérieurement coupable d'un délit encourt la récidive de l'art. 57.

Cette proposition, qui découlait incontestablement de l'ancien art. 57, s'appuie aussi clairement sur les termes de l'art. 57 nouveau.

3° Le condamné pour délit à une peine de plus d'une année d'emprisonnement, reconnu ultérieurement coupable d'un délit, encourt la récidive de l'art. 58.

Cette proposition n'est pas moins certaine en présence des termes de l'art. 58 nouveau qu'en présence des termes de l'ancien.

4° Le condamné pour délit à une peine de plus d'une année d'emprisonnement, reconnu ultérieurement coupable sans circonstances atténuantes d'un crime emportant une peine afflictive ou infamante, n'encourt aucune aggravation de peine.

Cette proposition doit être maintenue sous l'empire de la loi nouvelle, et c'est dans cette limite qu'on peut dire aujourd'hui, comme en 1832, qu'il n'y a pas de récidive de délit à crime.

Il résulte de ce premier aperçu que la loi du 31 mai 1863 a recueilli, sans les amoindrir, les aggravations de la législation antérieure, et que les innovations que nous allons bientôt constater ont eu pour but d'armer la répression de sévérités nouvelles à l'égard des récidivistes.

Je viens maintenant à ces propositions que j'ai transcrites comme une laconique formule des variations laborieuses de la doctrine et de la jurisprudence.

Les deux premières supposent le cas d'une condamnation antérieure à une peine afflictive ou infamante, une poursuite ultérieure pour crime, la déclaration par le jury de circonstances atténuantes, ou d'un cas d'excuse : quelle était alors la récidive encourue? celle de l'art. 56, ou celle de l'art. 57? Les deux opinions avaient leurs partisans, et nos deux propositions les rappellent; mais aujourd'hui la question se pose dans les mêmes hypothèses et dans les mêmes termes : quel système faut-il adopter?

Tout d'abord une distinction est nécessaire entre le cas de déclaration de circonstances atténuantes et le cas d'admission d'une excuse. Les mêmes doutes ne paraissent pas s'être élevés dans les deux hypothèses, et il semble en effet que sur l'une d'elles l'accord soit bien près de s'établir. S'agit-il de l'admission d'une excuse atténuante? La peine afflictive ou infamante dégénère nécessairement en une peine correctionnelle en vertu de l'art. 326 du Code pénal; cela étant, on ne voit guère comment, dans l'hypothèse que nous avons supposée, l'art. 57 serait inapplicable. Le texte en effet est pressant; l'art. 57 parle d'un

individu condamné *pour crime à une peine supérieure à une année d'emprisonnement;* or l'individu dont nous examinons la
position a été condamné pour crime à une peine afflictive et
infamante ; la première condition se rencontre donc. L'art. 57
ajoute après ces mots : « *Quiconque ayant été condamné pour crime
à une peine supérieure à une année d'emprisonnement,* ceux-ci :
aura commis un délit ou *un crime qui devra n'être puni que de
peines correctionnelles*..... » Or, par suite de l'admission d'une
excuse atténuante, le crime objet de la poursuite doit n'être
puni que de peines correctionnelles ; la deuxième condition
d'application de l'art. 57 ne se rencontre-t-elle donc pas aussi
exactement que la première ? Il est difficile, ce semble, d'être
aussi pleinement dans le texte. Aussi, dans sa circulaire du
30 mai 1863, M. le garde des sceaux s'expliquant sur les art. 57
et 58, s'exprime en ces termes : « Le cas prévu par les rédacteurs
« leur a paru une variété de la récidive de délit à délit, parce
« que le crime dégénère en délit par la peine qui lui est infli-
« gée. On comprend dès lors que, pour ce crime comme pour
« le délit, ils aient édicté une aggravation identique de la peine
« principale et l'obligation d'infliger la surveillance. Ils ont
« pensé d'ailleurs que cette rigueur serait tempérée au besoin,
« dans l'un et l'autre cas, par la faculté d'atténuation résultant
« de l'art. 463. »

« C'est en effet ce qui aura lieu *sans obstacle* lorsque le ver-
« dict aura réellement fait dégénérer le crime en délit *par l'ad-
« mission des excuses légales* ou la négation des circonstances
« aggravantes, puisqu'il appartient alors à la Cour d'accorder
« ou de refuser le bénéfice de l'art. 463. »

L'autorité qui s'attache à ce commentaire officiel ne peut être
diminuée par cette observation que les paroles ministérielles
ont trait à l'art. 58, non à l'art. 57. L'objection serait sans portée : car, d'abord M. le garde des sceaux ne fait pas de distinction, ensuite les termes sont exactement les mêmes dans l'art. 57
et dans l'art. 58.

Devant la Cour de cassation, M. l'avocat général Savary (1),
qui a émis une opinion contraire très-nette sur le cas de décla-

(1) Voir Recueil Sirey, année 1864, I, 146.

ration des circonstances atténuantes, acquiesce au moins implicitement à la doctrine qui précède pour le cas d'admission d'une excuse.

Je poserais donc ce point comme incontestable, si M. Bertauld, auteur justement recommandable, n'avait enseigné l'opinion contraire dans une dissertation insérée dans la *Revue critique*, tome XXIII, page 395.

Le savant professeur n'a pas développé longuement cette opinion, qui d'ailleurs paraît lui avoir laissé quelques doutes; mais il a cédé à l'influence de cette règle maîtresse que le calcul de la récidive doit précéder celui de l'atténuation. Or, c'est là un premier exemple frappant de l'inconvénient qu'il y a à faire dépendre l'interprétation des nouveaux textes de leur concordance avec les anciens principes : le sens d'une loi doit être cherché dans son texte, dans les commentaires officiels qui l'accompagnent au corps chargé de la voter, dans la discussion qui s'établit au moment du vote; or, l'exposé des motifs, le rapport de la commission, le texte des articles concourent avec un ensemble décisif pour assurer à la loi l'interprétation que nous venons de lui donner. Faut-il demeurer surpris, après cela, qu'une règle basée sur des dispositions anciennes et différentes soit en partie altérée par des dispositions nouvelles, et surtout faut-il faire prévaloir cette règle sur des innovations législatives qui seraient effacées par cette influence ?

Sans doute le texte de l'art. 56 n'a pas été modifié, mais n'est-ce pas ici le cas d'appliquer cette observation judicieuse de M. Molinier, que la loi pénale peut être changée d'une manière implicite par l'introduction d'une disposition qui réagit sur ses parties diverses? Cet effet, dont je reconnais la légitimité, je ne l'attribue pas à un article éloigné, puisqu'il s'agit de l'art. 57 : les art. 56, 57, 58 se suivent et s'expliquent les uns par les autres. Je puis dire dès à présent, sauf à le démontrer plus complétement tout à l'heure, qu'une pensée uniforme domine tous ces textes : c'est qu'aujourd'hui, à la différence de ce qui avait eu lieu auparavant, la loi s'attache, soit pour le premier terme de la récidive, soit pour le second, non au titre de la poursuite, mais au résultat de la condamnation.

Concluons donc que l'art. 57 du Code pénal réagit dans cette mesure sur l'art. 56, et qu'après une première condamnation à une peine afflictive et infamante, lorsqu'une poursuite a lieu pour crime et que le jury a reconnu au profit de l'accusé l'existence d'une excuse atténuante, c'est la récidive de l'art. 57 qui est applicable, non celle de l'art. 56.

Mais, dans la même hypothèse, si, au lieu de proclamer l'existence d'une excuse, le jury a déclaré en faveur de l'accusé des circonstances atténuantes, la détermination de la récidive applicable peut faire, je le reconnais, plus de difficulté, et voilà pourquoi j'ai, momentanément et pour le besoin de ma discussion, distingué les deux cas.

M. Bertauld, fidèle à son principe, maintient la récidive de l'art. 56, et cette opinion est en effet très-conséquente avec la solution qu'il a adoptée pour le cas d'excuse. Mon dissentiment avec l'honorable professeur sur le premier point pourrait facilement expliquer un désaccord sur le second ; malheureusement je rencontre de plus la contradiction de M. l'avocat général Savary, et je suis très-frappé de cette dissidence. Toutefois, après y avoir mûrement réfléchi, je ne puis me ranger au sentiment du docte professeur et du savant magistrat, et j'en vais donner les raisons. Mais avant il me paraît nécessaire de mettre sous les yeux du lecteur le passage du réquisitoire de M. Savary :

« Supposez, a dit ce magistrat, un individu déjà condamné
« pour crime à une peine afflictive ou infamante, et qui se rend
« coupable d'un vol domestique ; le jury a admis en sa faveur
« des circonstances atténuantes, *son sort est réglé par les art.* 56
« *et 463 combinés ;* la Cour d'assises peut prononcer contre lui
« la peine de la réclusion, mais elle peut aussi appliquer l'ar-
« ticle 401 et fixer la durée de la peine dans les limites du mi-
« nimum au maximum, pourvu qu'elle ne la fasse pas des-
« cendre au-dessous de deux années. Si ce même accusé, au
« lieu d'être en état de récidive pour un crime précédent, n'est
« en état de récidive que pour avoir commis un premier délit,
« la disposition impérative de l'art. 58 oblige la Cour à pro-
« noncer contre lui au moins cinq années d'emprisonnement

« et cinq années de surveillance. C'est là un résultat monstrueux
« et qui suffit pour condamner l'interprétation qui le pro-
« duit.

« Le pourvoi a bien compris toute la gravité de cet argu-
« ment ; pour le combattre il insinue timidement que peut-être
« les art. 57 et 58 modifiés pourraient réagir sur les art. 57 et
« 463, qui n'ont pas même appelé l'attention du législateur. Je
« n'ai pas besoin d'insister pour démontrer le vice de cette ar-
« gumentation, qui tend à modifier, par induction, des lois pé-
« nales et à aggraver des peines en se fondant sur l'intention
« présumée du législateur. »

L'opinion de M. Savary est présentée avec une très-grande
force et elle s'appuie sur deux considérations au premier abord
très-saisissantes : 1o l'art. 56 du Code pénal n'a pas été modifié
et n'a pas même appelé l'attention du législateur ; 2o on ne doit
pas aggraver une loi pénale par induction.

Je reconnais avec empressement qu'on ne doit pas modifier
une loi par induction, surtout pour en faire sortir une aggravation ; mais je soutiens que l'application de l'art. 57 à l'hypothèse du réquisitoire ne fait pas le moindre échec à ce principe.
Et d'abord, reconnaître l'influence d'une disposition nouvelle
sur une disposition ancienne, ce n'est pas là une pure induction,
et je ne voudrais, pour preuve de la légitimité de cette action,
que l'exemple précédent tiré de l'admission d'une excuse. Est-
ce que l'art. 57 n'a pas soustrait à l'art. 56, pour l'attirer à lui,
le règlement du sort de l'individu déjà condamné à une peine
afflictive et poursuivi pour un crime reconnu excusable ? La
portée de l'art. 56 est donc précisée et par ses propres termes et
aussi par ceux de l'art. 57 ; s'il n'est pas permis de modifier l'article 56, il n'est pas davantage permis de modifier l'art. 57 nouveau, et la question est vraiment de savoir quel est le sens des
additions faites à l'art. 57 ? S'il ressort de l'étude entreprise à
cet égard que les rédacteurs de la loi de 1863 ont voulu soumettre à l'empire de l'art. 57 le sort de l'individu reconnu coupable, après une première condamnation à une peine afflictive,
d'un nouveau crime avec déclaration de circonstances atténuantes, il faudra bien souscrire à ce résultat, et admettre, par voie

de conséquence, une modification implicite de l'art. 56. Faisons donc cette recherche.

L'historique des nouvelles dispositions est bien connu. L'article 57 du Code pénal, tel qu'il était sorti des délibérations du Conseil d'État, se bornait à fixer à une peine supérieure à une année d'emprisonnement l'importance nécessaire de la première condamnation, et à soumettre le récidiviste à la surveillance de la haute police, mais il ne prévoyait, comme second terme de la récidive, qu'un délit nouveau. C'est à l'initiative de la commission du Corps législatif qu'est due une addition importante aux art. 57 et 58 : le second terme de la récidive de crime à délit, ou de délit à délit, consistait dans un délit nouveau ; désormais il consistera, soit dans un nouveau délit, soit dans un crime dégénéré en délit par la peine infligée. Voilà comment et pourquoi ce membre de phrase : *crime qui devra n'être puni que de peines correctionnelles*, déjà introduit dans l'art. 58, passa aussi dans l'art. 57.

Je puis m'en tenir là pour conclure que ce membre de phrase a le même sens dans l'art. 57 que dans l'art. 58 ; l'identité des expressions, leur communication de l'un des articles à l'autre, en sont, me paraît-il, une preuve irréfragable. Or, quelle est la portée de ces expressions dans l'art. 58 ? s'appliquent-elles exclusivement à l'admission d'une excuse, à la reconnaissance d'un état de minorité, ou bien doivent-elles s'étendre à la déclaration de circonstances atténuantes ? J'aurai un peu plus tard à approfondir ce point avec d'autres contradicteurs, mais pour le moment ne puis-je pas me borner à faire remarquer, contre l'opinion de M. Savary, que le savant magistrat leur attribue un sens étendu dans l'art. 58, et ne distingue pas entre le cas d'excuse, de minorité ou de circonstances atténuantes ? Si cette interprétation est vraie, comme je le crois et ainsi que je le démontrerai pour l'art. 58, pourquoi cesserait-elle de l'être pour l'art. 57 ? Le deuxième terme de la récidive étant le même dans l'art. 57 et dans l'art. 58, il faudrait soutenir que le premier terme de la récidive dans l'art. 57 consiste toujours dans une condamnation correctionnelle pour crime, jamais dans une peine afflictive ou infamante. Est-ce possible ? La récidive de l'art. 57

n'est-elle pas certainement applicable dans le cas de condamnation à une peine afflictive ou infamante suivie d'une poursuite pour délit?

L'innovation apportée dans l'art. 57 a donc eu pour effet de déplacer, dans certaines hypothèses, la récidive : en le reconnaissant, on modifie implicitement l'art. 56, mais on est autorisé à supposer que telle a été l'intention du législateur ; en refusant cette conséquence, on restreindrait arbitrairement l'article 57 au texte duquel il faudrait faire violence, et on serait bien plus certainement exposé à se mettre en opposition avec la pensée des rédacteurs de la loi de 1863. L'interprétation que je propose réagit sur l'art. 56, mais sans heurter directement ses termes ; l'opinion contraire me paraît inconciliable avec le texte de l'art. 57.

Ainsi et en résumé, des deux propositions que j'ai indiquées plus haut comme ouvrant la série des propositions contestées sous l'empire de la législation antérieure, la première me semble condamnée désormais par le nouvel art. 57, tandis que l'exactitude de la seconde est complétement justifiée par cette même disposition. En sorte que, s'il me fallait aujourd'hui définir la récidive de crime à délit, je dirais : C'est l'état de celui qui, après une première condamnation pour crime à une peine afflictive ou infamante ou au moins à une peine de plus d'une année d'emprisonnement, est poursuivi soit pour un délit, soit pour un crime que l'admission d'une excuse, la reconnaissance d'un état de minorité, la déclaration de circonstances atténuantes ou l'élimination des circonstantes aggravantes, rend passible de peines cerrectionnelles seulement.

Les doutes que traduisaient les 3°, 4° et 5° propositions sont définitivement écartés par la rédaction nouvelle de l'art. 57 : on se rappelle, en effet, qu'avant la loi de 1863, on s'était demandé si la récidive de crime à délit avait lieu dans le cas d'une première condamnation pour crime à une peine correctionnelle quelconque, et, dans le cas d'une première condamnation pour crime à une peine de plus d'une année d'emprisonnement, si la récidive de crime à délit était applicable, ou la récidive de délit à délit. L'exposé des motifs de la loi de 1863, après avoir résumé l'ancienne controverse, ajoute que, pour trancher la discussion et ne laisser aucun doute, on propose de dire : « *Quiconque ayant été condamné pour crime à une peine supérieure à une année d'emprisonnement.....*» Ces termes ayant passé dans la loi, il en résulte invinciblement que, si la condamnation pour crime est inférieure à une année d'emprisonnement, il n'y a pas d'aggravation possible, et que, si cette condamnation est supérieure, c'est l'aggravation de l'art. 57 qui est encourue, non une autre.

En poursuivant nos développements dans l'ordre que nous avons adopté, nous sommes amené, avec la 6e et la 7e proposition, à l'examen de la principale difficulté née de la loi du 13 mai 1863, de celle qui a occasionné une si profonde division dans la doctrine et la jurisprudence. Elle s'élève dans les hypothèses suivantes : un individu a été condamné une première fois à une peine de plus d'une année d'emprisonnement pour un crime ou pour un délit; il est de nouveau poursuivi pour un crime ; le jury, en reconnaissant la culpabilité de l'accusé, proclame en sa faveur l'existence de circonstances atténuantes; quelle sera la peine applicable à ce nouveau crime ?

Cinq systèmes différents ont été proposés ; c'est beaucoup assurément, et, dans ces conditions, je serai peut-être assez mal venu à en présenter un sixième. Toutefois, comme la question est loin d'être définitivement tranchée, je demande la permission de hasarder sur ce point mon avis personnel. Mais avant il convient que j'examine soigneusement l'état de la doctrine et de la jurisprudence.

M. Bertauld, et après lui M. Labbé (1), soutiennent avec une entière conviction que, dans l'hypothèse précédente, le sort de l'accusé ne doit subir aucune aggravation. Cette doctrine, dit l'un de ses partisans, repose sur un principe aussi rationnel que bien établi; elle ne rend pas inexplicables les additions faites aux art. 57 et 58; elle échappe aux inconséquences qui sont inséparables d'une opinion contraire. Ajoutons qu'elle a déjà obtenu un suffrage dans la jurisprudence : l'arrêt de la Cour d'assises de Saône-et-Loire du 7 décembre 1863.

(1) Voir *Revue Critique*, t. XXIV, p. 298 et suiv.

Les avantages que l'on énumère, s'ils existent, sont de nature à gagner bien des adhésions à l'opinion des deux honorables professeurs, mais existent-ils aussi réellement que l'un d'eux l'a annoncé ? Examinons.

Le principe qui sert de base à ce premier système est exposé par M. Labbé en des termes qui peuvent se résumer ainsi : la loi s'inspirant d'idées générales doit, avant tout, fixer la peine, posant ainsi une règle absolue applicable à tous les faits du même genre ; le juge ensuite, à l'aide du mécanisme des circonstances atténuantes, faisant subir à cette peine les modifications nécessaires, cherche et trouve, dans chaque espèce particulière, le châtiment proportionné à la culpabilité de l'agent criminel. L'ordre de ces opérations n'est pas arbitraire, mais dicté par la raison ; l'incrimination dépend des circonstances générales inhérentes à chaque ordre de faits, les circonstances atténuantes permettent de faire la part de l'imprévu.

Je me garderai bien de contester ces idées dont je reconnais l'extrême sagesse, mais je déclare que j'ai peine à apercevoir quel trait ces généralités ont à la question.

Le même auteur ajoute immédiatement après, et je cite : « Plus « particulièrement l'aggravation pour cause de récidive doit « s'opérer, s'il y a lieu et si elle est possible, avant l'atténuation « résultant des circonstances atténuantes. »

Je ne professe pas pour cette règle un culte aussi absolu que MM. Bertauld et Labbé ; j'ai déjà fait quelques réserves à cet égard et j'aurai encore l'occasion d'y revenir. Mais je soutiens que cette règle n'a à jouer ici aucun rôle. En effet, j'ai supposé le cas d'un individu déjà condamné à deux ans d'emprisonnement pour délit, et poursuivi pour un crime qui entraîne les travaux forcés ; j'ai supposé en outre une déclaration de circonstances atténuantes. — On prétend que le calcul de la récidive, si elle existe, doit s'opérer avant l'atténuation, et que l'aggravation doit tout d'abord s'incorporer avec la peine principale. — Cela est de toute impossibilité, puisque, si on omet d'abord le calcul des circonstances atténuantes, il n'y a pas d'aggravation, la récidive étant ici de délit à crime. L'aggravation ne peut naître qu'autant que la peine descendra au niveau des peines correctionnelles (art. 57 et 58), et ce niveau ne peut être atteint que par la mitigation des circonstances atténuantes. Ainsi la récidive des art. 57 et 58 est ou n'est pas applicable aux deux espèces que nous avons posées, mais, si elle est applicable, il est certain que le calcul de cette récidive doit suivre et non précéder le calcul des circonstances atténuantes.

Y a-t-il donc lieu de s'étonner de ce résultat comme d'une chose bien extraordinaire? Mais non, car nous verrons tout à l'heure M. Labbé reconnaître lui-même que, dans le cas d'admission d'une excuse ou de reconnaissance d'un état de minorité, la récidive ne trouve d'application qu'après l'effet de ces deux causes d'atténuation et en quelque sorte par cet effet même.

Que le souvenir de la règle ancienne méconnue ne nous trouble donc pas à l'excès, et cherchons le sens attribué par le législateur de 1863 à ces expressions qu'on lit dans les art. 57 et 58 : *crime qui devra n'être puni que de peines correctionnelles*. Nous avons déjà posé cette question un peu plus haut en remettant à l'approfondir; le moment de cette recherche est arrivé, car nous avons trouvé dans MM. Bertauld et Labbé de véritables contradicteurs.

Ces deux commentateurs enseignent (le second au moins très-explicitement) que ces expressions doivent s'entendre uniquement du crime reconnu excusable ou du crime commis par un mineur de seize ans ayant agi avec discernement. Ces deux causes, écrit M. Labbé, suffisent pour donner un sens utile à la modification introduite dans les art. 57 et 58 par la loi nouvelle. Ailleurs, le même auteur avait dit que cette interprétation ne rendait pas inexplicable l'addition faite aux art. 57 et 58. Je préfère cette dernière manière de dire, car on va voir que l'interprétation proposée amoindrit singulièrement la valeur de la modification législative et que, si elle ne la rend pas absolument inexplicable, du moins elle l'explique fort incomplétement.

En effet, l'hypothèse d'un mineur de seize ans condamné une première fois à plus d'une année d'emprisonnement et poursuivi ensuite pour crime est une hypothèse par trop doctrinale, et je ne crois pas trop m'avancer en disant qu'elle ne s'est jamais présentée et ne se présentera jamais ; si c'est trop dire, on m'accordera du moins qu'elle est assez rare pour que le législateur n'en ait pas voulu faire le texte d'un changement législatif. Resterait donc alors seulement, pour expliquer les nouvelles expressions des art. 57 et 58, l'hypothèse de l'admission d'une excuse : mais alors je ne comprends guère comment le législateur de 1863, s'il n'a eu en vue que cette particularité, s'il a voulu surtout exclure le déclaration des circonstances atténuantes, a choisi cette rédaction qui rend si mal sa pensée : *crime qui devra n'être puni que de peines correctionnelles*, au lieu de dire simplement : *crime excusable*. C'eût été vouloir faire de l'obscurité à plaisir.

L'opinion de MM. Bertauld et Labbé est donc peu en harmonie avec le texte nouveau, et elle est réduite, pour rendre compte de la lettre de la loi, à recourir à une véritable subtilité, en recueillant dans le Code pénal une hypothèse à peu près irréalisable. Mais elle est en bien plus complète opposition avec l'esprit de la loi que nous allons trouver affirmé par les témoignages les plus irrécusables.

Le rapport de la commission du Corps législatif a, sur le point qui nous occupe, une importance exceptionnelle, car l'addition dont nous cherchons le sens est l'œuvre de la commission. Ecoutons donc son rapporteur. M. de Belleyme expose d'abord la modification introduite dans la première partie de l'art. 57, et il déclare qu'en fixant à une condamnation de plus d'une année d'emprisonnement le premier terme de la récidive de crime à délit, le projet s'est inspiré de cette pensée que c'est la *peine infligée* qui doit être prise en considération. Or, il est bien certain, de l'aveu de tout le monde, que la dégénérescence du crime doit s'entendre ici aussi bien de l'atténuation provenant des circonstances atténuantes que de toute autre cause. Le rapporteur ajoute après cela : « Puisque nous consa-
« crons une seconde fois ce principe, qu'en matière de récidive
« ce n'est pas la poursuite, mais son résultat, qui doit être
« considéré, nous avons cru opportun d'en faire l'application à
« deux cas analogues qui faisaient difficulté en jurisprudence.
« Ainsi, la récidive de délit à crime n'existe pas dans l'écono-

« mie de la loi; mais qu'après le premier délit puni de plus
« d'un an d'emprisonnement, ou un premier crime qui n'aura
« été puni que de peines correctionnelles, il y ait poursuite
« pour un crime et que ce crime dégénère en délit par *la peine*
« *qui lui sera infligée*, il est évident qu'il y aura les mêmes rai-
« sons de décider, et que, d'après notre règle, tous ces cas ne
« doivent être que des variétés de la récidive de délit à délit.
« Nous avons voulu le proclamer en conformant la rédaction
« des art. 57 et 58 à cette pensée. »

N'est-ce pas dire clairement que le projet, fidèle dans toutes
ses parties au même point de vue, s'attache, non à la peine encourue, mais à la peine infligée, et qu'il statue pour le second
terme de la récidive comme il avait statué pour le premier? Or,
à l'égard du premier terme de la récidive, il n'a fait aucune
distinction entre les diverses causes d'atténuation : peut-il donc
être permis d'en formuler une à l'égard du second?

Voyons maintenant si ces idées qui avaient prévalu ont été
démenties ou abandonnées dans la discussion au Corps législatif. Les lumières que l'on peut emprunter à cette partie des
travaux préparatoires sont plus abondantes que ne le reconnaît
M. Labbé, mais elles ne favorisent guère son opinion.

Succédant à l'orateur du Gouvernement et voulant défendre
à son tour l'œuvre de la commission, M. le rapporteur exprime
en ces termes la pensée fondamentale des art. 57 et 58 du Code
pénal : « La Chambre comprend bien maintenant, je l'espère,
« le principe des art. 57 et 58; je le réduis en un mot : c'est le
« résultat qu'il faut considérer, ce n'est pas la poursuite, ce
« n'est pas l'incrimination ni l'accusation, c'est la déclaration
« du jury, c'est la condamnation. »

Les explications de M. le rapporteur avaient satisfait la
grande majorité de la Chambre, mais M. Ernest Picard insiste :
ne nous en plaignons pas, car les objections qu'il élève contre
le projet lui ont fourni l'occasion d'en présenter un commentaire, et ce commentaire est bon à recueillir.

L'honorable orateur rappelle les principes de la législation
antérieure et il signale avec force cette règle qu'il n'y a pas de
récidive de *délit à crime*. Puis il continue en ces termes : « Mais

« voici que la commission, dans son ardeur d'innover, et
« d'accord en cela avec le conseil d'État, a inventé le cas où
« celui qui a commis un délit commet un crime qui ne paraît
« au jury digne que d'une condamnation correctionnelle. S'il
« s'agit d'un cas d'excuse ou d'un cas exceptionnel de cette
« nature, en vérité il n'est pas nécessaire de mettre dans la loi
« une disposition spéciale. *Mais, ainsi que nous l'apprennent*
« *l'exposé des motifs et le rapport, l'art.* 58 *se réfère* AU CAS OU
« LA COUR D'ASSISES APPLIQUE LES CIRCONSTANCES ATTÉNUANTES. »

Est-ce assez clair? Le commissaire du Gouvernement, le
rapporteur de la commission, l'orateur de l'opposition, tous
s'accordent sur le sens que nous reconnaissons aux nouveaux
art. 57 et 58.

M. le commissaire du Gouvernement se lève pour répondre :
va-t-il protester contre le commentaire présenté par M. Picard
et rétablir le sens des articles du projet? Voici ses paroles :
« M. Picard a posé l'espèce pour laquelle, en effet, dans ma
« pensée, a été faite la nouvelle disposition de l'art. 58; c'est
« une espèce triple.

« Un individu a été traduit devant la Cour d'assises, le jury
« reconnaît un fait d'excuse; ce crime, restant crime d'ailleurs,
« n'est puni que de peines correctionnelles.

« Un homme est traduit devant la Cour d'assises en vertu du
« système d'incrimination propre au Code pénal, qui constitue
« un crime par l'accession de circonstances aggravantes de
« plein droit. Le jury déclare que ces circonstances n'existent
« pas; le crime devenu délit n'est puni que de peines correc-
« tionnelles.

« *Enfin, dans un troisième cas, la qualification du fait étant*
« *maintenue, le jury* AURAIT DÉCLARÉ DES CIRCONSTANCES ATTÉ-
« NUANTES. *Aux termes de l'art.* 58, *la récidive aura lieu, tandis*
« *que cela aurait pu être douteux et controversé en l'absence du*
« *texte nouveau.* »

Puis M. le commissaire du Gouvernement défend l'établissement des nouveaux principes contre M. Picard qui les avait
attaqués. C'est peu après que les art. 57 et 58 furent votés par
le Corps législatif.

L'ensemble de tous ces documents me semble très-décisif, et il ne suffit pas, pour écarter cet élément considérable d'appréciation, de dire avec M. Labbé : « Au surplus, les idées qui traversent l'esprit des rédacteurs d'une loi ne reçoivent pas le caractère d'un précepte législatif si elles ne sont consignées dans le texte voté et promulgué. » Cette réflexion, juste en elle-même, peut-elle donc s'appliquer ici? Des expressions nouvelles sont introduites dans un texte de loi; l'exposé des motifs et le rapport en précisent l'importance; ces indications officielles sont reproduites en termes plus explicites encore au Corps législatif; c'est un point de départ compris de tout le monde, accepté de tout le monde, soit qu'on attaque le projet, soit qu'on le défende; puis ces expressions commentées par plusieurs dans le même sens, mais critiquées par les uns, soutenues par les autres, sont maintenues dans la loi, et il faudra considérer exposé des motifs, rapport de la commission, opinions unanimes émises au Corps législatif, comme des impressions personnelles *sans caractère législatif!* Autant vaudrait déclarer, selon moi, tant ces témoignages me paraissent nombreux, précis et concordants, qu'il n'est jamais permis de recourir aux travaux préparatoires.

Si la loi nouvelle est certaine en ce point que je viens d'examiner, je pourrais me dispenser d'examiner les conséquences bizarres qui, prétend-on, découlent de cette interprétation. Des considérations ne sauraient prévaloir contre une loi formelle. Mais M. Labbé me paraît encore à cet égard s'être fait illusion, et je veux dire un mot de cette partie de sa discussion. D'abord je demande la permission de ne pas prendre à ma charge certaines conséquences qu'il déduit de l'arrêt de la Cour de cassation, puisque, dans un instant, je critiquerai moi-même la jurisprudence de la Cour suprême. Mais voici à quoi il me faut répondre : un individu précédemment condamné pour un délit ou un crime à une peine correctionnelle, commet un crime passible de la réclusion. Si cet accusé n'obtenait pas le bénéfice des circonstances atténuantes, il ne pourrait être condamné qu'à dix ans de réclusion; il les obtient, il pourra être condamné à dix ans d'emprisonnement. Est-ce là un véritable abaissement de peine? — Je pourrais dire très-nettement : oui, il y a abaissement de peine, et montrer dans ces deux situations des différences notables. Mais je préfère retourner l'objection à M. Labbé: le même individu sans circonstances atténuantes pouvait être condamné à cinq années de réclusion; avec des circonstances atténuantes il pourra, dans l'opinion de M. Labbé lui-même, être condamné à cinq années d'emprisonnement. Cette conséquence qui se pouvait produire autrefois est-elle donc si bizarre?

Je ne pousserai pas plus loin le chapitre des conséquences sur lequel il me faudra revenir avec d'autres auteurs, et je conclus donc, contre MM. Bertauld et Labbé, que les art. 57 et 58 s'appliquent à tous les crimes qui descendent au niveau des peines correctionnelles par quelque cause que ce soit. L'opinion des savants auteurs n'a pas les assises que signalait l'un d'eux ; contraire dans une certaine mesure au texte, elle me paraît surtout en opposition manifeste avec l'esprit de la loi nouvelle. Je reconnaîtrai volontiers après cela qu'elle est plus fidèle aux anciennes traditions et aux principes de la législation antérieure; mais ce mérite n'est peut-être pas celui qui convient le mieux, puisqu'il s'agit d'une loi nouvelle.

La Cour de cassation a donné l'appui de son autorité à cette proposition dans un arrêt du 26 mars 1864 (1); elle la consacre en effet dans les termes suivants : « Que par ces mots : « en cas « de crime qui devra n'être puni que de peines correctionnel- « les, » la loi a entendu tous les cas où le fait, qualifié crime « par l'accusation, ne devient passible, d'après la déclaration « du jury, que de peines correctionnelles, soit que ce résultat « ait été produit par l'admission d'un fait d'excuse, ou par le « rejet des circonstances aggravantes, soit qu'il ait été produit « par la déclaration des circonstances atténuantes ; que la loi ne « fait, en effet, aucune distinction entre les causes d'atténuation « de la peine, et qu'il ressort de ses motifs qu'elle a eu l'inten- « tion formelle de ne considérer que le résultat de la pour- « suite. »

(1) Voir *Recueil Sirey*, 1re partie, p. 149, année 1864.

La Cour de cassation (1) proclame, dans le même arrêt, que cette récidive nouvelle est dans tous les cas obligatoire, et qu'elle s'impose à la Cour d'assises dans la mesure de la peine. L'arrêt se fonde sur deux motifs principaux : 1° les termes impératifs des art. 57 et 58; 2° l'épuisement des pouvoirs de la Cour d'assises après l'application des circonstances atténuantes.

Cette sévère doctrine mérite de fixer l'attention, car elle a pour elle au moins les graves apparences du texte. Si l'esprit de la loi correspond à la lettre, il faudra s'incliner : c'est ici le moment de consulter de nouveau les travaux préparatoires; la Cour suprême nous y invite elle-même par son exemple, puisque, pour fonder la proposition qui précède, elle s'est inspirée à cette source.

La rédaction des nouveaux articles et la tournure impérative des termes ont été, dès l'origine de la discussion au Corps législatif, une des préoccupations les plus vives de l'assemblée, et tout d'abord son attention a été appelée sur un amendement de quelques députés qui avait pour but de substituer une faculté là où on croyait reconnaître une obligation.

M. le commissaire du gouvernement s'empresse de prendre la parole et il déclare que l'amendement est inutile, car il a pour objet d'effacer dans le projet de loi une rigueur qui ne s'y trouve pas. « Le conseil d'État pense que lorsqu'un individu est « condamné en état de récidive, soit devant une Cour d'assises, « soit devant un tribunal correctionnel, la déclaration des cir- « constances atténuantes a cette puissance, cette vertu de don- « ner au juge *la liberté de faire disparaître* TOUTE L'AGGRAVATION « RÉSULTANT DU CAS DE RÉCIDIVE. Voilà l'opinion du conseil « d'État. »

Cette déclaration est si nette qu'elle emporte avec elle la solution. Est-ce une explication individuelle produite inopinément au cours de la discussion ? Non, car ces paroles émanent d'une source officielle; prononcées par le conseiller d'État commissaire du gouvernement, elles sont en quelque sorte un supplément de l'exposé des motifs. Ce n'est pas là non plus une phrase re-

______

(1) Voir à la fin de cette brochure la note additionnelle.

eueillie au hasard dans l'improvisation d'un orateur, car M. le commissaire du gouvernement poursuit, en rendant compte de la discussion intérieure du conseil d'État; il fait connaître que l'opinion qui attachait aux art. 57 et 58 une aggravation obligatoire a été repoussée par un vote et que la rédaction adoptée a eu pour but de remettre entre les mains des magistrats des rigueurs dont ils pourraient user ou s'abstenir suivant les cas. Il termine en disant que les art. 57 et 58 ainsi interprétés se trouvent d'accord avec les art. 341 du Code d'instruction criminelle, 401 et 463 du Code pénal.

Après le commissaire du gouvernement, le rapporteur de la Commission fournit les mêmes explications, et il déclara à son tour que la commission a pensé, ainsi que le conseil d'État, que l'art. 463 suffirait pour rendre facultatives les sévérités des nouveaux articles.

M. Ernest Picard, qui a été dans cette discussion presque l'unique contradicteur de l'orateur du gouvernement, revient à la charge et pose la question en ces termes : « Lorsque les « circonstances atténuantes sont prononcées, est-ce que vous « admettez que le juge devra prononcer le double ou le maxi-« mum ? » Certes, c'est bien là la difficulté soumise aujourd'hui à l'interprétation; eh bien! quelle réponse a été faite? Ces vives interpellations ont amené une confusion momentanée, mais cet instant de trouble a sa compensation : le regrettable procureur général à la Cour impériale de Paris, M. Cordoën, a eu occasion d'intervenir, et M. le commissaire du Gouvernement, en reprenant la parole, ajoutait à l'autorité de son opinion celle du procureur général de Paris. Or, il disait : « Oui, quand le jury « a déclaré les circonstances atténuantes, la Cour, sans avoir « besoin d'ajouter une rallonge à cette déclaration, peut « affranchir de la surveillance de la haute police. Et pourquoi ? « En vertu d'un texte que j'ai déjà cité, celui qui dit que, dans « le cas de circonstances atténuantes, la Cour appliquera les dis-« positions de l'art. 401. » Ce texte auquel il est fait allusion n'est rien moins que l'art. 463.

C'est sur ces dernières paroles que la discussion s'est fermée : le commissaire du Gouvernement lit l'art. 463, et l'art. 57 est voté.

Or, revenons un peu sur nos pas pour apprécier le résultat de cette discussion. On se préoccupe de savoir si la dernière partie des art. 57 et 58 contraint le juge; et l'organe officiel du Gouvernement se hâte de rassurer le Corps législatif. Il réclame pour le conseil d'Etat la priorité d'une idée que tendait à s'approprier l'amendement de quelques députés; il déclare que les art. 57 et 58 doivent être combinés avec les art. 401 et 463 du Code pénal. Le rapporteur de la commission abonde dans le même sens; ces assurances sont plusieurs fois données à cause de l'insistance d'un membre de l'assemblée, et les art. 57 et 58 sont votés sur la foi de cette déclaration, que l'aggravation nouvelle est *facultative*, non *obligatoire*.

La Cour de cassation a reconnu tout à l'heure l'autorité de la discussion pour déterminer le sens de ces mots : *crime qui devra n'être puni que de peines correctionnelles;* comment refuser ici à cette même discussion une importance qu'on vient de proclamer sur un autre point? Ce n'est pas seulement dans le même débat que nous puisons des renseignements, mais c'est de la bouche des mêmes orateurs que nous recueillons des éclaircissements sur l'esprit de la loi.

Sans doute les explications officielles paraissent avoir porté principalement sur la surveillance de la haute police, mais il ressort de toute cette discussion un sous-entendu sur le caractère général de la récidive nouvelle. L'orateur du Gouvernement n'a-t-il pas dit que les circonstances atténuantes auraient cette vertu de permettre au juge de faire disparaître *toute la récidive?* La même réponse n'a-t-elle pas été fournie à l'interpellation de M. Picard qui avait posé très-nettement la question qui nous occupe ? n'a-t-on pas montré l'art. 463 fonctionnant toujours à côté des art. 57 et 58 pour en adoucir les rigueurs?

En ce qui concerne au moins la surveillance de la haute police, la discussion au Corps législatif a une portée décisive : or, cette peine accessoire est édictée dans des termes aussi impératifs que la peine principale. Si donc on ne s'arrête pas à la lettre de la loi pour la surveillance de la haute police, comment se trouvera-t-on plus lié par des expressions identiques à l'égard de la peine principale ?

D'autres considérations, d'ailleurs, m'éloignent de l'interprétation adoptée par la Cour de cassation.

La récidive fondée par les anciens art. 57 et 58 était exprimée dans les mêmes termes ; art. 57 : Quiconque..... *sera* condamné..... art. 58 : Les coupables,..... *seront* condamnés,.... Cependant, malgré ces termes impératifs, l'aggravation n'était pas fatale, nécessaire, mais bien facultative. Quelle a été l'innovation ? Elle a consisté à étendre (on se rappelle l'exposé des motifs et le rapport) les anciennes dispositions à deux cas qui ont paru n'être que des variétés de ceux déjà prévus. Or, si on n'a fait qu'étendre les anciennes dispositions à deux cas nouveaux, c'est évidemment en maintenant aux aggravations des anciens art. 57 et 58 le même caractère, et, comme elles étaient facultatives, elles ont dû demeurer facultatives. Qu'on y prenne bien garde, en effet : la rédaction des art. 57 et 58 a été modifiée par addition, mais les expressions impératives ne sont pas l'œuvre du législateur de 1863 ; elles se trouvaient dans les anciens articles, elles y sont restées, mais sans doute avec le même caractère.

Les conséquences qui découlent de la doctrine de la Cour de cassation apportent au pouvoir des magistrats chargés de mesurer la peine des restrictions regrettables. Je ne puis plus mettre en avant cette hypothèse d'une première condamnation à une peine afflictive ou infamante suivie d'un crime mitigé par une déclaration de circonstances atténuantes, pour l'opposer à celle d'une condamnation pour crime à plus d'une année d'emprisonnement suivie d'un crime reconnu constant, avec circonstances atténuantes, en faisant remarquer que, dans le premier cas, la peine à prononcer pourrait être de une ou deux années d'emprisonnement, tandis que, dans le second cas, elle devrait être nécessairement de cinq années. J'ai cherché, en effet, à démontrer plus haut que ces deux hypothèses sont toutes les deux régies par l'art. 57. Mais voici d'autres résultats qui sont des corollaires nécessaires de l'arrêt du 26 mars 1864 et qui m'impressionnent vivement :

Après une première condamnation à plus d'une année d'emprisonnement, un individu a commis un crime ; le jury a reconnu en sa faveur des circonstances atténuantes ; quelle sera la peine infligée ? Cinq années d'emprisonnement au moins. Or, ce crime nouveau pouvait être passible de la peine des travaux forcés à temps ou de la réclusion ; dans le premier cas (le moins favorable), la Cour d'assises peut abaisser la peine de deux degrés, descendre de vingt années de travaux forcés à cinq années d'emprisonnement ; dans le second cas (de beaucoup plus favorable), la Cour d'assises ne pourra abaisser la peine que d'un degré et descendre de dix années de réclusion à cinq années d'emprisonnement. D'autre part, ce maximum inflexible est un obstacle à ce que la Cour d'assises tienne compte de ces nuances si variées et si équitables qui peuvent exister dans la situation des divers accusés. Cette doctrine de la Cour de cassation compromet donc gravement le principe qui permettait à la Cour d'assises d'atténuer et de différencier la situation des récidivistes en ouvrant aux magistrats une latitude nécessaire, et, de plus, elle apporte un trouble manifeste dans l'échelle et la gradation des peines, en égalisant des positions inégales.

En discutant ainsi la jurisprudence de la Cour de cassation, je ne sens pas s'affaiblir mon profond respect pour cette haute juridiction, et j'ai la conscience de lui rendre un hommage d'autant plus digne d'elle qu'il n'exclut pas l'indépendance de mon opinion. Je soumets donc mes doutes au sujet de l'arrêt du 26 mars 1864 : aux apparences du texte j'oppose des documents explicites empruntés aux travaux préparatoires ; j'invoque contre un argument littéral le souvenir de la législation antérieure, et cette invocation est d'autant plus légitime que les termes étaient les mêmes ; enfin, je m'arrête devant certaines conséquences qui me paraissent fâcheuses.

J'ai omis de répondre à la considération tirée de l'épuisement des pouvoirs de la Cour d'assises, mais je vais retrouver la même objection dans un instant, et alors je l'examinerai.

M. Faustin Hélie (1), l'éminent commentateur de nos Codes criminels, a émis un troisième système fondé sur une distinction entre le crime passible des travaux forcés à temps et le

____

(1) Voir *Théorie du Code pénal*, appendice de la 4e édition.

crime passible de la réclusion; le premier n'est pas nécessairement correctionnalisé par l'effet des circonstances atténuantes,
le second au contraire est correctionnalisé de plein droit. S'agit-
il d'un crime passible des travaux forcés, la Cour d'assises, lorsqu'elle atteint le niveau des peines correctionnelles, a épuisé
son droit d'atténuation puisqu'elle est descendue de deux degrés, et alors la peine est fixée au maximum de cinq années
d'emprisonnement; s'agit-il d'un crime passible de la réclusion, la Cour d'assises, descendant aux peines correctionnelles,
n'a encore usé que d'un degré d'atténuation, et elle retient,
comme une sorte de second degré, le droit de réduire la peine
à son minimum légal.

M. Achille Morin donne à ce système son assentiment éclairé,
et il pense que cette théorie est puisée dans l'esprit de la double disposition nouvelle, et s'accorde avec le texte autant, sinon
plus, que toute autre interprétation.

L'opinion de M. Faustin Hélie est présentée avec toutes les
qualités qui distinguent les œuvres de l'éminent criminaliste,
et, au premier abord, elle parait être le résultat d'une heureuse
conciliation. Toutefois, me sera-t-il permis de dire que ce système est au fond plus ingénieux que juridique? En effet, de
deux choses l'une : ou les nouveaux art. 57 et 58 s'appliquent
aux cas de crime passible des travaux forcés et de crime passible de la réclusion, ou ils ne s'y appliquent pas. S'ils ne s'y appliquent pas, c'est la législation antérieure qu'il faut suivre dans
les deux cas; s'ils s'y appliquent, il faut également, et dans les
deux cas, reconnaître à la récidive un caractère obligatoire ou
facultatif. La Cour de cassation semble bien l'avoir compris
ainsi dans son arrêt du 24 mars 1864. Pourquoi distinguer là où
le texte ne distingue pas ? Les travaux préparatoires, à défaut
du texte, ne fournissent non plus aucune indication à l'appui de
cette distinction. M. Faustin Hélie ne s'y trompe pas, aussi bien
fait-il résulter cette distinction d'un autre principe ; dans la
première hypothèse le droit d'atténuation de la Cour d'assises
est épuisé, dans la deuxième il ne l'est pas. Voilà la base du
système.

Je suis heureux de pouvoir ici m'abriter derrière l'autorité de M. l'avocat géné... Savary. La partie de son réquisitoire dans laquelle le savant magistrat examine le mérite de la distinction proposée ne laisse rien à ajouter ; les véritables principes m'y paraissent exposés avec une clarté et une force qui ne permettent pas l'analyse. Je cite donc :

« Pour moi, si l'article s'applique aux deux hypothèses, il
« s'applique nécessairement avec le même caractère ; son texte
« unique, ses effets ne peuvent être différents dans les deux cas.
« Pour établir une différence, on dit : Quand la peine légale est
« celle de la réclusion, l'effet nécessaire des circonstances atté-
« nuantes est de la faire descendre à un emprisonnement cor-
« rectionnel ; mais ce n'est là qu'un premier degré d'atténua-
« tion ; la Cour d'assises n'a pas encore usé du droit d'atténuation
« qu'elle possède aussi, du droit de réduire la peine à son mi-
« nimum légal, et l'art. 463 le lui permet en cas de récidive.
« Je ne connais pas de texte qui prescrive dans tous les cas
« deux degrés d'atténuation. Dans l'hypothèse que j'examine,
« la loi n'en admet qu'un : la peine est abaissée d'un degré ; le
« juge, en appliquant la peine du second degré, en arbitre la
« durée dans les limites du minimum au maximum, mais il ne
« prononce pas un second degré d'atténuation. Il applique
« l'art. 401 comme le lui prescrit l'art. 463, et, s'il peut abais-
« ser la peine au-dessous de cinq ans, c'est uniquement parce
« que l'art. 58 n'est pas obligatoire ; s'il l'était, si, faisant à la
« fois l'office du juge et du législateur, il déterminait à l'avance
« l'effet que doit produire, en cas de récidive, la combinaison
« des art. 58 et 463, c'est en vain que les magistrats réclame-
« raient leur droit spécial d'atténuation, ils devraient s'incliner
« devant la volonté de la loi exprimée en termes impératifs et
« obligatoires, et se résigner dans tous les cas à prononcer cinq
« années d'emprisonnement.
« On reconnaît cependant aux Cours d'assises le droit d'a-
« baisser la peine au-dessous du maximum quand la peine est
« celle de la réclusion ; mais on leur refuse le même droit,
« quand la loi prononce la peine des travaux forcés à temps. La
« Cour, dit-on, dans ce cas, a épuisé son droit d'atténuation en
« faisant descendre la peine de deux degrés ; elle ne peut plus

3

« dès lors qu'appliquer la loi pénale, puisque son pouvoir est
« épuisé. Non, le pouvoir de la Cour n'est pas épuisé quand,
« en présence d'un texte qui lui permet d'abaisser la peine de
« deux degrés, elle a déclaré qu'il y avait lieu d'appliquer la
« peine du second degré ; son droit n'est pas épuisé, son devoir
« n'est pas accompli, elle doit encore fixer la durée de cette
« peine du second degré dans les limites du minimum au maxi-
« mum. Voilà son droit ordinaire, et l'on n'a jamais soutenu
« qu'il constituât un troisième degré d'atténuation ; tel est en-
« core son droit dans le cas de récidive prévu par l'art. 58, à
« moins que cet article n'impose au juge un minimum qu'il ne
« puisse jamais abaisser ; et, si l'art. 58 ne peut pas avoir cet
« effet dans le cas de la réclusion, il est impossible de le lui
« attribuer dans le cas des travaux forcés à temps. »

Cette argumentation substantielle me paraît décisive, et la distinction proposée par M. Faustin Hélie ne saurait, à mon avis,
survivre à cette solide réfutation.

Pour dire un mot en terminant des conséquences de l'opinion
de M. Faustin Hélie, je puis reproduire en partie ici les observations que je faisais à l'égard de la jurisprudence de la Cour de
cassation. En fixant le minimum de cinq années d'emprisonnement, cette opinion enlève aux magistrats la faculté de tenir
compte des circonstances ; elle supprime, comme l'a si bien dit
M. Labbé, cette part faite à l'imprévu. De plus elle est, sous un
autre rapport, en contradiction avec ces affirmations officielles
si souvent répétées au Corps législatif : que l'art. 463 devrait
fonctionner à côté des art. 57 et 58 ; car, à la gradation établie
par les paragraphes 5 et 6 de l'art. 463, elle substitue une gradation différente et arbitraire.

Mais si je ne me trompe, M. Faustin Hélie a loyalement for-
mulé les plus graves objections qu'on puisse adresser à son système, quand il a dit : « On arrive donc à ce résultat que des cas
« que la commission avait assimilés, qu'elle a considérés comme
« des variétés d'une même criminalité, qu'elle a soumis aux
« mêmes conditions de répression, sont frappés de peines tout
« à fait inégales ; que cette conséquence ait été ou non prévue,
« on pourra peut-être trouver une anomalie, lorsque la matière

« est devenue correctionnelle, dans l'application d'une aggra-
« vation pénale, nécessaire dans un seul cas, facultative dans
« tous les autres, et dans la mesure différente de cette aggrava-
« tion, qui tantôt s'atténue et s'efface, tantôt conserve une
« inflexible rigueur. Il est difficile d'admettre qu'il y ait entre
« les faits correctionnalisés la distance énorme qui paraît exis-
« ter entre les degrés de la répression. »

J'arrive maintenant à l'examen d'un quatrième système pro-
posé pour la première fois devant la Cour d'assises de Saône-
et-Loire, par M. le substitut Boissard (1), et fortifié par des considérations nouvelles, devant la Cour suprême, par M. l'avocat
général Savary. Ce système se fonde aussi sur une distinction
entre le crime passible des travaux forcés et le crime passible de
la réclusion, appliquant les aggravations de l'art. 57 et de l'article 58 au dernier seulement. A l'appui de cette opinion,
M. Savary argumente du texte et de l'esprit de la loi : les articles 57 et 58 ne parlent que du crime qui *devra* être puni de
peines correctionnelles ; or, n'est-ce pas étendre arbitrairement
ces termes que de les appliquer à un crime qui *pourra* être puni
de peines correctionnelles ? Le savant magistrat ajoute : Les rédacteurs de la loi nouvelle ont voulu combler une lacune en
constituant en état de récidive le condamné correctionnel com-
mettant un crime contre lequel les magistrats n'avaient aucun
droit d'aggravation. Ce besoin ne se faisait sentir que dans le
cas de crime passible de la réclusion, non dans celui de crime
passible des travaux forcés : dans cette dernière hypothèse, en
effet, la Cour d'assises, en s'en tenant au premier degré d'atténuation, trouvait dans la peine du deuxième degré (la réclusion)
le moyen d'assurer toujours la répression.

Par les développements qui précèdent, on a pu voir combien
on avait abusé du texte des nouveaux art. 57 et 58 ; contre ces
exagérations littérales, notre recours a toujours été le même, et
c'est dans les travaux préparatoires que nous sommes allé chercher une interprétation plus sûre. Quand on interroge la lettre
de la loi, c'est pour arriver par le signe le plus certain à la pen-

(1) Voir *Journal de Droit criminel*, année 1864, p. 69.

sée du législateur; mais, quand les expressions sont douteuses, c'est aux sources officielles qu'il faut chercher l'éclaircissement de ces doutes.

La récidive des art. 57 et 58 appliquée aux crimes a un caractère tout spécial et tout nouveau ; elle naît après l'effet des circonstances atténuantes, et pour ainsi dire de cet effet même. C'est ce que me paraît avoir très-clairement exprimé le rapporteur de la commission, lorsqu'il a dit qu'il faudrait désormais considérer, pour la récidive, le résultat, la condamnation, *la peine infligée*. Sans doute, le crime passible des travaux forcés à temps n'est pas correctionnalisé de plein droit, mais il peut l'être par l'abaissement de la peine de deux degrés, et c'est en prévision de cette éventualité que la loi nouvelle a parlé du crime qui *devra* n'être puni que de peines correctionnelles, et que son organe officiel, énonçant la même idée en d'autres termes, a parlé *du crime qui dégénère en délit par la peine qui lui sera infligée.*

Vais-je tomber dans une subtilité littérale et exagérer l'importance d'une nuance grammaticale en disant que, si les articles 57 et 58 avaient le sens qu'on leur donne, nous devrions lire dans la loi des termes comme ceux-ci : *crime punissable de peines correctionnelles, crime qui doit être puni de peines correctionnelles* ? Je ne sais si je m'abuse, mais il me semble que ce futur *devra* fait exactement pressentir cette hypothèse dans laquelle l'application des peines correctionnelles est facultative.

Cette observation, si elle ne s'arrêtait qu'à la superficie du texte, serait peut-être trop conjecturale ; mais, lorsque je la trouve en si parfait accord avec les termes plus explicites du rapport, elle acquiert à mes yeux une valeur sérieuse.

Mais ce qui me détermine surtout à rejeter l'interprétation proposée par MM. Savary et Boissard, c'est la discussion au Corps législatif.

On se rappelle que le rapporteur de la commission, expliquant la pensée fondamentale des art. 57 et 58, a répété qu'il pouvait être réduit en un mot : il faut considérer le résultat et la condamnation.

Le commissaire du Gouvernement prend la parole après lui et pose distinctement les hypothèses dans lesquelles l'art. 58

est applicable ; il énonce deux cas qui n'ont pas trait à la question, et il ajoute que le troisième est celui où, la qualification de crime étant maintenue, le jury a déclaré des circonstances atténuantes. Si la loi nouvelle a fait la distinction dont on nous parle, elle a assez d'importance pour trouver place dans cette énumération minutieuse. L'organe du Gouvernement n'a pas dit un mot qui la laisse soupçonner : ce silence, joint à ce que nous connaissons, serait décisif ; mais voici qui l'est encore davantage.

Le commissaire impérial, continuant son discours, entreprend la justification des nouvelles aggravations, et il la trouve dans l'effet des circonstances atténuantes. A cette occasion, il compare la loi nouvelle à la législation antérieure en choisissant des exemples ; mais quels exemples choisit-il ? ceux-ci : « Un homme avait été condamné antérieurement à une année de prison ; il était devant la Cour d'assises condamné à cinq, dix années de réclusion, *à cinq, dix ans de travaux forcés.* » Et M. le commissaire du Gouvernement achève sa démonstration sur ces données. Il est impossible d'admettre que, si les art. 57 et 58 ne se réfèrent pas au cas de crime passible des travaux forcés, ce soit précisément cette hypothèse que l'orateur du Gouvernement ait signalée pour bien caractériser la différence qui existera désormais entre l'ancienne et la nouvelle législation.

L'opinion de MM. Boissard et Savary ne repose donc pas sur le texte : les termes de la loi, rigoureusement analysés, vont au-delà des limites qu'ils indiquent ; le rapport de la commission, les explications fournies au Corps législatif protestent surtout contre cette interprétation restrictive.

Il paraît difficile, après cela, d'invoquer en faveur du même système l'esprit de la loi : cet esprit, en effet, ne peut être mieux constaté que par les documents officiels que nous venons de rapporter. Aussi, les idées que l'on suppose au législateur peuvent être facilement réfutées. Quelle est, en effet, la supposition mise en avant par M. Savary ? c'est que, pour le crime passible des travaux forcés à temps, le besoin d'une aggravation ne se faisait pas sentir, les magistrats pouvant toujours s'en tenir à la peine du deuxième degré qui est afflictive et infamante. Je l'entends bien, mais alors les magistrats se trouvent placés entre deux partis extrêmes qui ne conviendront peut-être ni aux circonstances de la cause, ni à leur conscience ; car il leur faudra appliquer nécessairement ou la réclusion avec son cortége inséparable de la surveillance de la haute police, ce qui peut être trop, ou l'emprisonnement simple, ce qui peut n'être pas assez. Sous ce rapport, l'exacte mesure serait dans l'aggravation des art. 57 et 58 : le besoin d'une récidive se fait donc sentir dans l'hypothèse de crime passible des travaux forcés aussi bien que dans celle de crime passible de la réclusion.

Si la situation dont je viens de parler se présentait pour la magistrature, son choix serait bientôt fait : entre les deux partis extrêmes, elle adopterait le plus favorable à l'accusé en prononçant la peine la plus douce. Mais alors le système qui recommande cette distinction engendrerait des conséquences regrettables, car l'individu condamné correctionnellement, poursuivi pour un crime passible de la réclusion, pourrait être condamné à dix ans d'emprisonnement ; le même condamné correctionnel, poursuivi pour un crime passible des travaux forcés, ne pourrait être condamné qu'à cinq ans d'emprisonnement ; et, pour corriger cette inégalité, le juge n'aurait d'autre ressource qu'une autre inégalité : prononcer la réclusion, c'est-à-dire une peine hors de proportion avec la culpabilité reconnue.

Tels sont les motifs qui m'éloignent de l'opinion de MM. Boissard et Savary, et il ne me reste plus qu'à m'expliquer sur un cinquième système professé par M. Pellerin (1).

Ce magistrat ouvre l'avis qu'en donnant aux circonstances atténuantes l'effet de transformer le crime en délit, la Cour d'assises n'agit que sur la qualification, comme le ferait une chambre d'accusation qui écarterait les circonstances aggravantes ; il lui reste à punir ce délit, susceptible lui-même d'atténuation : pour mesurer équitablement la peine applicable, elle doit poser la question des circonstances atténuantes quant

(1) Voir *Commentaire de la loi du 18 avril-13 mai 1863*, par M. Albert Pellerin.

au délit avec récidive. C'est, dit-il, une procédure nécessitée par la loi nouvelle, qui a omis de compléter son œuvre.

Voici les déductions auxquelles arrive M. Pellerin : le crime était passible de la réclusion ; le jury reconnaît des circonstances atténuantes ; le crime est transformé en délit ; l'effet de la déclaration du jury est épuisé par cette transformation. La Cour peut prononcer la peine aggravée des art. 57 et 58, ou, si elle reconnaît à son tour des circonstances atténuantes, effacer les conséquences de la récidive et abaisser la peine d'emprisonnement jusqu'à une durée d'un an. S'agit-il d'un crime passible des travaux forcés, la peine abaissée par l'effet des circonstances atténuantes déclarées par le jury au niveau des peines correctionnelles, pourra encore, si la Cour admet des circonstances atténuantes, descendre à un emprisonnement de deux années.

Je n'ai rien à dire contre les conséquences de ce système, sinon qu'elles sont en désaccord avec les principes posés par l'auteur. J'adopte pleinement le résultat, mais je ne saurais souscrire aux motifs donnés pour le justifier ; ces motifs, en effet, me paraissent inexacts et compromettants. Déjà M. Achille Morin, en rapportant cette opinion, avait dit qu'elle était ingénieuse, mais bien hardie.

Une question posée par la Cour sur les circonstances atténuantes, après une première application des circonstances atténuantes admises par le jury, serait contraire aux règles de la matière les mieux établies : ce serait, en effet, reconnaître deux degrés d'atténuation où la loi n'en a autorisé qu'un seul, trois degrés là où elle n'en a permis que deux. Une théorie de cette gravité ne saurait s'appuyer que sur un texte formel ; or, il n'existe pas.

L'objection qui précède suffit pour démontrer l'inexactitude du principe ; mais il faut ajouter que ce principe entraîne nécessairement le système au delà des limites que lui assigne M. Pellerin. S'il est vrai que le crime mitigé par la déclaration des circonstances atténuantes par le jury ne soit plus qu'un délit, qu'il ne garde plus rien de son origine, pas plus que si les circonstances aggravantes avaient été éliminées, s'il est vrai que la Cour d'assises puisse ajouter à la déclaration des cir-

constances atténuantes par le jury une déclaration analogue
puisée dans son droit propre, alors le minimum de un ou deux
ans d'emprisonnement s'efface, et la peine pourra atteindre le
niveau des peines de simple police. En effet, tel est le droit en
matière de délit, même en cas de récidive. Et alors on pourra
s'étonner que le législateur de 1863 ait jugé nécessaire d'orga-
niser une aggravation qui produirait ce résultat : de permettre
de faire descendre, au niveau des peines de simple police, une
peine qui ne pouvait auparavant être moindre de une ou deux
années d'emprisonnement.

Il est facile d'apercevoir les conséquences auxquelles M. Pellerin a voulu échapper : en imaginant cette procédure particulière qui a pour but de mettre entre les mains de la Cour un
nouveau droit d'atténuation, il s'efforce d'éviter cet arrêt inflexible de la peine au maximum. Est-il besoin de tant s'ingé-
nier si l'aggravation des art. 57 et 58 est facultative? Faut-il,
pour permettre à la Cour d'assises de parcourir les degrés qui
séparent le maximum du minimum, créer à son profit le droit
exorbitant d'une déclaration de circonstances atténuantes au
deuxième degré? Ce pouvoir que l'on désire pour la Cour d'assises, elle le possède déjà; c'est une suite normale, régulière
de la déclaration des circonstances atténuantes par le jury;
point n'est besoin de déclarer ces circonstances atténuantes une
seconde fois, car cette seconde déclaration serait vaine si elle
ne produisait qu'un effet déjà assuré, dangereuse si elle en-
traînait l'application du dernier paragraphe de l'art. 463.

La discussion détaillée que je viens de parcourir à l'occasion
des cinq systèmes proposés a eu pour résultat de faire connaître mon opinion en la justifiant; je n'ai plus ici qu'à grou-
per dans un résumé les éléments épars de ma démonstration.

Les nouvelles aggravations des art. 57 et 58 du Code pénal
n'ont pas ce cercle restreint d'application dans lequel MM. Bertauld et Labbé les ont renfermées. Ces expressions nouvelles :
crime qui devra n'être puni que de peines correctionnelles, ne font
pas seulement allusion aux crimes excusables ou à ceux commis avec discernement par des mineurs de seize ans, mais encore et surtout aux crimes que l'appréciation de la Cour d'as-

sises, après la déclaration des circonstances atténuantes par le jury, fait descendre au niveau des peines correctionnelles. L'exposé des motifs, le rapport de la commission, la discussion au Corps législatif, concourent avec un ensemble décisif à justifier cette proposition; l'opinion contraire amoindrit la portée de l'innovation et la rend presque sans valeur.

Les art. 57 et 58 du Code pénal s'appliquent à tous les crimes que l'appréciation de la Cour d'assises peut abaisser au rang des peines correctionnelles; il n'y a pas, sous ce rapport, à distinguer entre les crimes passibles des travaux forcés et les crimes passibles de la réclusion. Le texte favorise, moins qu'il n'en a l'air, cette distinction; d'ailleurs, les travaux préparatoires protestent contre elle; enfin, elle engendre des conséquences fâcheuses.

La récidive nouvelle n'arme pas les magistrats d'une rigueur inflexible; elle remet entre leurs mains un moyen de répression facultatif. Il ne faut pas se laisser égarer par les apparences du texte, et il est plus sûr de suivre l'esprit de la loi; or qui peut témoigner plus certainement de cet esprit de la loi que le conseil d'État qui l'a élaborée, la commission du Corps législatif qui l'a amendée, et les organes officiels qui en ont expliqué les dispositions au Corps législatif? Les conséquences qui découlent d'une interprétation trop littérale sont d'ailleurs peu en harmonie avec des principes essentiels, et imprimeraient sur l'œuvre du législateur de 1863 des taches regrettables.

C'est à tort que l'on essaierait de scinder sur ce point la modification des art. 57 et 58, en reconnaissant à la récidive un caractère obligatoire au cas de crime passible des travaux forcés, et facultatif au cas de crime passible de la réclusion. Il faut opter entre deux opinions plus absolues, car ni le texte ni les documents officiels n'ont fait de distinction : la récidive est ou n'est pas obligatoire, mais elle est la même dans les deux cas.

L'effet de cette récidive nouvelle est donc de permettre à la Cour d'assises, au cas de crime passible des travaux forcés déclaré constant avec circonstances atténuantes, d'appliquer une peine qui pourra varier de deux à dix années d'emprisonnement, au cas de crime passible de la réclusion reconnue avec circonstances atténuantes, à appliquer une peine qui pourra varier de une à dix années d'emprisonnement. L'innovation ainsi interprétée est efficace sans jamais devenir excessive. Ce résultat est atteint naturellement pas la combinaison des art. 57 et 58 avec l'art. 463, combinaison qui a presque le caractère d'un précepte législatif, puisque nous l'avons recueillie de la bouche même du commissaire du Gouvernement au Corps législatif. Mais gardons-nous bien de dire que, pour arriver à ce but, il faudra investir la Cour d'assises du droit de déclarer de nouveau, après le jury, des circonstances atténuantes; cela n'est pas nécessaire et cela serait dangereux.

La récidive des art. 57 et 58 s'applique donc, en supposant par ailleurs que les conditions de cette application se rencontrent, à tous les crimes punis d'une peine correctionnelle pour quelque cause que ce soit; cette aggravation est facultative.

Il ne me reste plus, pour avoir rempli le cadre que je m'étais tracé, qu'à dire un mot des trois dernières propositions inscrites au commencement de cette dissertation.

Sous l'empire de la législation de 1832, au cas de crime excusable ou crime commis par un mineur de seize ans, on s'était demandé à qui, de la Cour d'assises ou du jury, il appartenait de déclarer les circonstances atténuantes? Pour le cas de crime excusable, la jurisprudence de la Cour de cassation paraissait définitivement fixée : la Cour suprême attribuait à la Cour d'assises le droit de reconnaître, s'il y avait lieu, l'existence de circonstances atténuantes. Cette théorie reposait sur des raisons déterminantes : le texte formel de l'art. 463, et surtout cette considération que la déclaration des circonstances atténuantes attribuée au jury eût été un vain privilége, puisqu'elle n'eût jamais lié la Cour d'assises. Cette doctrine doit être, à plus forte raison, suivie sous l'empire de la loi de 1863, puisque les art. 57 et 58 ont presque assimilé les crimes correctionnalisés à des délits. Il est bien vrai qu'on a voulu placer sous le patronage de la Cour de cassation une solution différente pour le cas de crime commis par un mineur de seize ans, mais je ne saurais reconnaître à l'arrêt du 28 janvier 1847 invoqué la portée qu'on lui donne. L'arrêt précité décide une question différente : celle de savoir si le président des assises pouvait omettre dans ce cas l'avertissement prescrit par l'art. 341 du Code d'instruction criminelle. C'est avec raison que la Cour de cassation a jugé l'avertissement indispensable, et je le trouve si nécessaire que j'étends la même obligation au cas d'excuse; le motif en est simple : c'est que le président ne peut préjuger la réponse du jury qui rejetera peut-être l'excuse et dira peut-être que l'accusé n'est pas mineur de seize ans. Cet arrêt du 28 janvier 1847 étant rétabli dans son véritable sens, je ferai remarquer que, dans l'hypothèse d'un crime commis par un mineur de seize ans, les motifs sont les mêmes pour attribuer la déclaration des circonstances atténuantes à la Cour d'assises que dans l'hypothèse d'un crime excusable; je n'aperçois pas de raison sérieuse de distinguer. C'est, du reste, ici comme plus haut, le cas d'insister sur l'assimilation établie par les art. 57 et 58.

Enfin, que devient sous la loi nouvelle la règle qui consistait à calculer la récidive avant les causes d'atténuation? Elle s'appliquera encore à la récidive de crime à crime, jamais à la récidive de crime à délit ou de délit à délit. A ne s'en tenir qu'à la formule, rien ne paraît changé; mais nous avons démontré, et nous n'y revenons point, que l'art. 56 avait été modifié implicitement par l'art. 57, et que la récidive de crime à crime n'aurait lieu désormais que dans le cas d'une condamnation à une peine afflictive et infamante suivie d'un crime qui doit être également puni d'une peine afflictive et infamante. On voit par là quelle est la brèche faite à cet ancien principe.

APPENDICE

Depuis que cette étude est sous presse, le *Journal de droit criminel* a publié, dans sa livraison du mois de juillet 1864, deux nouveaux arrêts qu'il importe d'enregistrer : celui de la Cour d'assises d'Ille-et-Vilaine du 11 mai 1864, et celui de la Cour de cassation du 26 mai 1864.

La Cour suprême, cassant, le 26 mars 1864, l'arrêt de la Cour d'assises du Finistère, avait renvoyé l'affaire devant la Cour d'assises d'Ille-et-Vilaine. Cette dernière Cour, en adoptant la doctrine de la Cour de cassation, a ajourné l'examen de cette grave question par les chambres réunies. Toutefois, nous ne perdons pas l'espoir de voir bientôt naître l'occasion de ce débat solennel. D'ailleurs, l'arrêt de la Cour d'assises d'Ille-et-Vilaine, bien que plus explicite que celui du 26 mars 1864, se borne à recueillir fidèlement les principes posés par la Cour de cassation et ne saurait donner lieu de notre part à des observations particulières.

L'arrêt du 26 mai 1864 de la Cour de cassation mérite, au contraire, de fixer l'attention, car il précise, s'il ne la modifie pas, la jurisprudence inaugurée dans l'arrêt du 26 mars 1864. Nous avions pensé, avec M. Labbé et contre le sentiment de M. Achille Morin, que l'arrêt du 26 mars était l'expression d'une théorie absolue et qu'il imposait à la Cour d'assises, dans tous les cas où l'admission des circonstances atténuantes faisait descendre le crime nouveau au rang des peines correctionnelles, le maximum de l'art. 401. La méprise, en effet, était facile en présence de ce considérant : « Attendu que le but de cette rè-
« gle nouvelle a été de frapper d'une aggravation pénale des
« cas de récidive qui avaient échappé à la prévoyance de la loi ;
« que si, jusque-là, aucune aggravation n'était attachée à la
« récidive de délit à crime, c'est que la peine du crime laissait
« au juge une latitude suffisante pour la répression, *mais que*
« *la faculté créée par l'art. 463 de faire dégénérer le crime en*

« *délit par la peine qui lui est appliquée, ne laissant plus au juge*
« *cette latitude, il a paru nécessaire de fixer, dans ce cas, la li-*
« *mite où l'atténuation devait s'arrêter.* »

L'arrêt du 26 mai 1864 ne permet plus la même interprétation. La Cour de cassation consacre très-explicitement cette fois la distinction proposée par M. Faustin Hélie, reconnaissant à la récidive un caractère obligatoire au cas de crime passible des travaux forcés à temps, et un caractère facultatif au cas de crime passible de la réclusion. Il faut donc désormais retrancher de l'énumération que nous avions faite plus haut le système propre que nous avions attribué à la Cour de cassation. Nous ne pouvons pas, à cette heure, rouvrir une discussion épuisée pour nous; mais nous serat-il au moins permis de dire que la doctrine de la Cour suprême, ainsi qu'elle vient d'être précisée par son dernier arrêt, nous semble reposer sur une base plus fragile.

Le système de l'arrêt du 26 mars, tel que nous l'avions compris, avait au moins l'avantage de prendre son point d'appui sur le texte; celui de l'arrêt du 26 mai distingue où le texte n'autorise aucune distinction, et il donne à des expressions identiques un sens différent suivant les hypothèses. Les motifs de l'arrêt du 26 mai prêtent à une critique fondée : en effet, la Chambre criminelle ne pose-t-elle pas un principe nouveau et arbitraire en reconnaissant à la Cour d'assises, au cas de crime passible de réclusion, le droit d'une atténuation à deux degrés ? La Cour suprême invoque le paragraphe sixième de l'art. 463, mais l'application qu'elle en fait n'a-t-elle pas pour résultat certain de modifier l'échelle des peines établie par cette disposition ? D'autre part, ce paragraphe de l'art. 463, qui fixe le minimum et le maximum de la peine, n'est-il pas commun à l'hypothèse du crime passible des travaux forcés à temps, et à celle du crime passible de la réclusion ? Pourquoi donc en restreindre le bénéfice au crime passible de la réclusion ?

Imprimé par Charles Noblet, rue Soufflot, 18.

CATALOGUE

DE

MENARD, LIBRAIRE

20, RUE DES GRÈS, A PARIS

LIVRES D'OCCASION A PRIX NETS

ON EST PRIÉ D'INDIQUER LE NUMÉRO DU CATALOGUE EN FAISANT SA DEMANDE

NOTA. Pour les ouvrages annoncés FRANCO il sera fait UNE REMISE aux **Personnes** qui les prendront à Paris ou qui paieront le port. — Il ne sera fait AUCUN RABAIS sur les autres articles.

JURISPRUDENCE MODERNE

1 **Adam.** Appendice au Code pénal, 1836, in-8, net   2 25
2 **Addenet.** Les Codes annotés des circulaires, 1859, grand in-8, *franco*   7 50
3 **Affre.** De l'Appel comme d'Abus, in-8, d.-rel., net   2 50
4 — Administration temporelle des Paroisses, 6e édition, 1 vol. in-12, net   2 25
5 **Agnel.** Code Manuel des propriétaires et locataires, in-12, 3 fr. 50, net   2 50
6 **Code-Manuel** du propriétaire des biens ruraux et usines, in-12, net   2 »
7 **Agnès.** De la propriété considérée comme principe de conservation, 2 vol. in-8, 3 »
8 — Essai philosophique de l'élection, 1 vol. in-8, net   2 »
9 **Ahrens.** Cours de droit naturel, ou philosophie du droit, 1 vol. in-8,   9 »
10 **Aignan.** Histoire du jury, in-8, net   2 »
11 **Alauzet.** Commentaire du Code de commerce, 4 vol. in-8, 30 fr., net   25 »
12 — Essai sur les peines et le système pénitencier, in-8, *rare*   6 »
13 — Traité général des assurances, 2 vol. in-8, 15 fr., net   12 »
14 — Histoire de la possession et des actions possessoires, in-8, 7 fr., net   6 »
15 — De la qualité de Français et de la naturalisation, in-8, 1851, 4 fr.   2 »
16 Commentaires de la loi sur les faillites et banqueroutes, in-8, *franco*   6 »
17 **Albin Lerat de Magnitot.** Dictionnaire de droit public et administratif, 2 v. in-8, 20 fr., net   7 »
18 **Albitte.** Cours de législation gouvernementale, in-8, net   2 50

19 **Alla.** Le praticien des tribunaux militaires, 2 vol. in-8, *franco*   12 »
20 — Manuel pratique des tribunaux militaires, in-8, 1860, *franco*   8 »
21 **Allain.** Manuel encyclopédique, théorique et pratique des juges de paix, 1853, 3 vol. in-8, 22 fr. 50, net   19 »
22 — Formulaire des officiers de police judiciaire, 2 vol., 8 fr., net   6 50
23 **Allard.** De la forme des actes, 1846, in-8, 8 fr., net   6 »
24 **Allemand.** Traité de mariage et de ses effets, 1847, 2 vol. in-8, 15 fr.   8 »
25 **Alexandre.** De la preuve en matière criminelle, traduit de l'allemand, de Mittermaier, 1 vol. in-8, *très-rare*   20 »
26 **Alletz.** Dictionnaire de police moderne, 4 vol. in-8, 20 fr., net   8 »
27 **André** (l'abbé). Cours alphabétique de législation ecclésiastique, 3 vol. in-8.   20 »
28 — Cours alphabétique de droit canon dans ses rapports avec le droit civil ecclésiastique, 5 vol. in-8.   30 »
29 **Annales du barreau français,** 20 vol. in-8, br., *très-rare*   150
30 — (Grand nombre de volumes séparés, contenant des orateurs complets).
31 **Annales du parlement français,** de 1830 à 1848, 10 vol. in-4, 75 fr., net   50 »
32 **Annotations** sur chaque article des cinq Codes et de toutes les questions traitées par Merlin, in-4, net   4 »
33 **Anthoine de St-Joseph.** Concordance entre les Codes de commerce français et étrangers, 1 v. in-4, *tr.-rare*   65 »
34 — Concordance entre les Codes civils étran-

gers et le Code Napoléon, 1 volume in-4, net 10 »

35 — Concordance entre les lois hypothécaires étrangères et françaises, 12 fr., net 9 »

36 — Concordance entre les Codes civils étrangers et le Code Napoléon, 2e édit., 4 vol. gr. in-8, 50 fr., net 47 »

37 **Anspach.** De la procédure devant les Cours d'assises, 1858, gr. in-8, dem.-rel. 7 »

38 **Appert.** Bagnes, prisons et criminels, 4 vol. in-8, brochés, net 10 »

39 **Aubiers** (V. des). Manuel des préfets et sous-préfets, in-8, *franco* 5 »

40 **Aubry et Rau.** Traduction du cours de droit civil français de Zachariæ, 5 vol. in-8, 1839, dem.-rel., net 25 »

41 — Droit civil français, 1839, 5 vol. in-8, br. net 20 »

42 — Le même, 3e édit., 6 vol. in-8, 48 fr., (exemplaire coupé) 42 »

43 — Le même, belle demi-reliure chagrin, net 50 »

44 **Audiffret.** Système financier de la France, 5 vol. in-8 coupés, net 32 »

45 **Augan.** Cours de Notariat, 3e édit., 2 vol. in-8, *rare*, net 22 »

46 — Le même ouvrage, 1re édit., 1 fort vol. in-8, net 3 »

47 **Anger.** Traité de la procédure civile, 1828, 2 vol. in-8, 10 fr., net 4 »

48 **Augier et Leynadier.** Formulaire complet de procédure, 1 vol. in-8, 5 fr., 3 50

49 **Augier.** Encyclopédie des juges de paix, 6 vol. in-8, 35 fr., net 10 »

50 **Aulanier.** Traité du domaine congéable, 1817, in-8, 7 fr., net 3 50

51 **Avisse.** Code des établissements dangereux et insalubres, 2 vol. in-8, coupé, net 7 »

52 **Aylies et Clair.** Annales de l'éloquence judiciaire en France, 1825 et 1826, 2 vol., demi-rel., net 4 50

53 **Azuni.** Système universel des principes du droit maritime de l'Europe, 2 vol. in-8, *tr.-rare*, net 35 »

54 — Le même ouvrage, 1re édit., an VI, 2 vol. in-8. 20 »

55 **Bacqua.** Codes de la législation française, 2 vol. grand in-8, net 18 »

56 — Code de la police, 1 v. in-8. 6 »

57 **Barbeyrac.** Hist. des anciens traités jusqu'à Charlemagne, deux tomes en 1 vol. in-folio 14 »

57 bis. **Barreau** français. Voy. *Clair et Clapier.*

58 **Barreau.** Traité des fléaux et cas fortuits, 1818, in-8, 7 fr., net 3 »

59 **Baray.** Manuel de la Cour d'assises dans les questions d'empoisonnement, net 3 »

60 **Bascle de la Grèze.** Droit criminel à l'usage des jurés, in-8, d.-v., net 4 »

61 **Bast.** Origines judiciaires (notaires, avoués, agréés, etc.), 1 vol. in-8, net 4 50

62 **Bastiat** (F.). Œuvres complètes, 1855, 6 v. in-8, 30 fr., net 25 »

63 — Le même ouvrage, 6 vol. in-18, format Charpentier, 24 fr., net 18 »

64 **Batbie.** Du droit de propriété, 1840, in-8, net 2 50

65 **Bathie.** Introduction au droit public et administratif, in-8, *franco* 8 »

66 — Traité théorique et pratique de droit ad-

ministratif, 7 vol. in-8. Les tomes, 1, 2, 3, 4 et 5 sont en vente. — Chaque vol. *franco*, 8 »

67 **Battur.** Traité des privilèges et hypothèques, 4 vol. in-8, 30 fr., net 6 »

68 — Traité de la communauté, 2 vol. 4 »

69 **Baudot.** Traité des formalités hypothécaires, 2 vol. in-8, 15 fr., net 9 »

70 **Baudoin.** Code spécial de la justice de paix, 1841, in-8, broché, 3 »

71 **Baudrillart.** Manuel d'économie politique, in-18, *franco* 3 50

72 **Bayeux.** Des conflits ou empiétements de l'autorité administrative, 2 vol. in-4, 8 »

73 **Bavoux et Loiseau.** Jurisprudence du Code Napoléon, 22 vol. in-8. 30 »

74 **Bavoux** (E.). Etud. diverses de Législation, de Politique, de Morale, in-8, 7 fr., net 3 »

75 — Philosophie politique ou de l'Ordre moral, 1840, 2 vol. in-8, 12 fr., net 6 »

76 — Manuel du Notariat ou Recueil de formules, in-32, rare, net 5 »

77 **Bayle Mouillard.** de l'Emprisonnement pour dettes, in-8, 6 fr., net 3 »

78 **Beaussant.** Code Maritime, 2 vol. in-8, 1818, 16 fr., net 8 »

79 **Beautemps.** Nouveau manuel du capitaine au long cours, 1849, 1 v. in-4, *franco* 3 50

80 **Beauvais.** De la possession et des actions possessoires, 1858, in-8, *franco* 7 »

81 **Bécane.** Commentaire sur l'Ordonnance de 1681, par Valin, 1 vol. in-4, ou 2 vol. in-8, net 4 »

82 **Beccaria.** Des Délits et des peines, in-8, 6 fr., net 3 »

83 **Béchard.** Droit municipal dans l'antiquité, 1860, in-8, *franco* 8 »

84 — Droit municipal au moyen âge, 2 vol. in-8, *franco* 15 »

85 **Bédarride.** Commentaire du Code de Commerce, des Commerçants et des Livres de Commerce, 1 vol. in-8, coupé, 6 50

86 — Des Sociétés commerciales, 2 vol. in-8, *franco* 15 »

87 — Du Commerce maritime, 5 volumes in-8, *franco* 40 »

88 — Bourse de Commerce, Agents de change et Courtiers, in-8, *franco* 9 »

89 — Lettres de change et billets à ordre, 2 v., *franco* 16 »

90 — Achats et ventes, in-8, *franco* 8 »

91 — Faillites et Banqueroutes. Nouv. édit. 3 vol., *franco* 24 »

92 — Traité des Faillites, 2 vol. in-8, dem.-rel., net 9 »

93 — Traité du Dol et de la Fraude en matière civile, 3 vol. in-8, coupé, net 20 »

94 **Bellart.** Œuvres complètes avec une notice par Billecoq, 1827, 6 vol. in-8. 9 »

95 **Bélime.** Philosophie du Droit, 2 vol. in-8, 15 fr., net 13 »

96 — Traité de la Possession et des Actions possessoires, in-8, épuisé. 12 »

97 **Bellanger.** Manuel analytique à l'usage des Commissaires de police, 1 vol. grand in-8, 6 fr., net 4 »

98 **Bellet.** Offices et Officiers ministériels, 1850, in-8, 6 fr., net 2 50

99 **Bellot des Minières.** Le Contrat de Mariage considéré en lui-même, 1855, in-8, *franco* 8 »

100 — Régime dotal et Communauté d'acquêts,
4 vol. in-8, dem.-rel. chagrin, net   20 »
101 — Du Contrat de Mariage, 1826, 4 v. in-8,
18 fr., net   5 »
102 — Commentaire sur l'Arbitrage volontaire
et forcé, 1838, 3 v. in-8, 18 fr., net   8 »
103 **Benech.** De la quotité disponible entre
Époux, 2e édit. 1842, in-8, *rare*, net   8 »
104 — De l'Emploi et du Remploi de la Dot,
2e édit., 1847, in-8, *très-rare*, net   8 »
105 — Du Droit de Préférence en matière de
purge des hypothèques légales, 1 vol. in-8,
4 fr., net   3 »
106 — Mélanges de droit et d'histoire, in-8,
1857, 9 fr., net   6 »
107 — De l'illégalité de l'adoption des Enfants
naturels, 2e édit., 1845, in-8, net   3 »
108 **Benecke.** Traité des Principes d'Indemnité en matière d'assurances maritimes, traduit par Dubernard, 2 vol. in-8, br. ou rel.,
15 fr., *rare*   10 »
109 **Benold.** Manuel Synthétique des Codes pénal et d'instruction criminelle.   1 »
110 **Benoit.** Traité de la Dot, 2 vol. in-8, 12 fr.,
net   5 »
111 — Traité des Biens paraphernaux, in-8, 5 f.
net   2 50
112 — Traité du Retrait successoral, in-8, 6 fr.,
net   2 50
113 **Benoît-Champy.** Essai sur la complicité,
1862, in-8.   2 »
114 **Benou.** Manuel des Commissaires priseurs,
2 vol. in-8, 12 fr., net   8 »
115 **Bentham.** Traité de Législation civile et
pénale, 3 vol., 21 fr., net   6 »
116 — Théorie des Peines et des Récompenses,
2 vol., 10 fr., net   4 »
117 — Traité des preuves judiciaires, 2 vol.,
12 fr., net   4 »
118 De l'organisation judiciaire et de la codification, in-8, net   4 »
119 — Déontologie ou Science de la Morale,
2 vol., 10 fr., net   5 »
120 — Œuvres complètes, 11 vol.   40 »
121 — Les mêmes œuvres, Bruxelles, 1840, 3 vol.
grand in-8.   22 »
122 **Berche.** Décret. Loi disciplinaire et marchande, in-8, 1859, *franco*   3 »
123 **Bérenger.** De la Justice criminelle en
France, 1 vol. in-8, net   3 »
124 — De la Répression pénale, de ses Formes
et de ses Effets, 2 vol. in-8, 15 fr., d.-rel.,
net   12 »
125 — Le même ouvrage, Imp. Impériale, 2 v.,
net   8 »
126 **Berriat-St-Prix (J.).** Histoire du droit
romain, suivie de l'Histoire de Cujas, 1 vol.
in-8, 7 fr., net   4 »
127 — Cours de Procédure Civile et Criminelle,
1855, 3 vol., 15 fr., net   6 »
128 **Berriat-St-Prix (Ch.).** Traité de la Procédure des Tribunaux Criminels. — Première
partie : Tribunaux de simple Police, 1 vol.
in-8, coupé, net   6 »
129 — Deuxième Partie : Tribunaux Correctionnels, 2 vol. in-8, coupé, net   10 »
130 — Les trois vol. d.-rel.   16 »
131 — Manuel de police judiciaire, 3e édit.,
1856, net   4 »
132 **Berriat-St-Prix (Félix).** Commentaire
sur la Charte de 1830, net   1 »

133 — Théorie du Droit constitutionnel français, 1 vol. in-8, 9 fr., net   4 »
134 — Notes élémentaires sur le Code civil, 3 v.
in-8, 22 fr. 50, net   10 »
135 — Analyse du Code pénal, grand in-8, 1855,
franco   7 »
136 **Berrier (père).** Souvenirs, 1774-1838,
2 vol. in-8, 15 fr., net   7 »
137 — Leçons et Modèles d'Éloquence judiciaire du XIVe et XIXe siècle, 1 vol in-8, d.-
rel., *tr.-rare*, net   15 »
138 **Berthaud.** Cours de Code pénal et Instruction criminelle, in-8, 1859, net   7 »
139 **Bertin.** Chambre du Conseil, 1re édit.,
2 vol. in-8, 15 fr., net   4 »
140 — Le même ouvrage, 2e édit., deux forts
vol. in-5, 16 fr., net   14 »
141 **Berville.** Fragments oratoires, in-8,
5 fr., net   2 50
142 **Beugnot,** Les Olim, ou registres des Arrêts rendus par la Cour du Roi, sous les règnes de St Louis, etc., 1310-1848, 4 vol.
in-4, 60 fr., net   35 »
143 **Bexon (Scipion).** Code de la sûreté publique, 1 vol. in-fo, rel.   5 »
144 **Bigorne,** Refonte et analyse des circulaires
de l'enregistrement, 2 vol. in-4o.   14 »
145 Manutention et comptabilité, 1862, in-folio,
franco   8 »
146 **Billard.** Traité des référés en France,
in-8, 7 fr., net   3 »
147 — Traité du bénéfice d'inventaire, in-8,
net   5 »
148 **Bioche,** Dictionnaire de Procédure civile,
1834, 4 vol. in-8, 30 fr., net   5 »
149 — Le même, 2e édit., 1840, 6 v., net 16   »
150 — Le même, 3e édit., 1847, 6 vol. in-8, d.-
rel., net   20 »
151 — Le même, 3e édit., 2e tirage, 1850, 6 vol.
in-8. d.-rel., net   25 »
152 — Le même, 3e édit., 3e tirage, 1857, 6 vol.
in-8, net   30 »
153 — Le même, 3e édit., 4e tirage, 1861-62,
48 fr. (coupé), net   42 »
154 — Le même, même édit., belle d.-rel. chagrin, net   50 »
155 — Journal de procédure civile et commerciale, Paris, 1853 à 1862, 27 vol. in-8, 170 fr.,
net   60 »
156 — Formulaire de Procédure civile, 1848,
d.-rel., net   4 »
157 Dictionnaire des Justices de paix et de simple police, 1851. 2 v. in-8, d.-rel., net 10   »
158 — Tables vicennales du Journal de Procédure civile, servant de complément à la
3e édit. du Dictionnaire, in-8, d.-rel., 5   »
159 **Biret.** Application au Code civil des Institutes et du Digeste, 2 vol. in-8, net   9 »
160 — Législation de simple police, net   2 »
161 — Vocabulaire des cinq Codes ou définition
des termes de Droit, in-8, net   3 »
162 — Traité des nullités de tout genre, 2 vol.
in-8.   10 »
163 **Blackstone.** Commentaire sur les Lois
anglaises, trad. de Champré, 6 vol.,   15 »
164 **Blanc.** Traité de la Contrefaçon, Paris, S. d.,
in-8, 9 fr., net   5 »
165 — L'inventeur breveté, Codes des Inventions et Perfectionnements, in-8,   4 50
166 **Blanc Saint-Bonnet.** Code des Brevets
d'invention, in-8, 7 fr., net   3 »

167 **Blanche.** Contentieux des chemins de fer ou Jurisprudence administrative en matière de chemin de fer, in-8, *franco*   7 »

168 — Dictionnaire général d'administration générale, in-8, *franco*   28 »

169 Etude sur le Code pénal 1re partie (art. 1 à 58) 1 fort vol. in-8, 1861, *franco*   8 50

170 **Blanchet.** Code Administratif, ou Recueil des Lois sur l'Administration, 1839, in-8, 8 fr., net   3 50

171 **Blanqui.** Dictionnaire du Commerce et des Marchandises, 2 vol. grand in-8, 1843, d. rel., net   15 »

172 — Le même ouvrage, 2e édit., 2 forts volumes grand in-8, brochés, coupés, net 50 »

173 — Histoire de l'économie politique en Europe, 2 vol. in-18, net   6 »

174 **Blavier.** Jurisprudence des Mines en Allemagne, 3 vol., 25 fr., net   18 »

175 **Block.** Dictionnaire d'Administration, 1 v. grand in-8, coupé, 25 fr., net   22 »

176 **Blondeau.** Essais sur quelques points de Législation et de Jurisprudence, in-8, 3 »

177 — Mémoires sur l'organisation de l'Enseignement du droit, in-8, 7 fr. 50, net 3 »

178 — Chrestomathie ou Choix de textes du Droit romain, 1 fort v. in-8, 11 fr., net 5 »

179 — Institutes de Justinien, traduites et annotées par Blondeau et Boujean, 2 vol. in-8, 12 fr., net   5 »

180 — Traité de la Séparation des patrimoines, in-8, *tr.-rare*, net   8 »

181 **Boileux.** Commentaire sur le Code civil, 4e édit., 1838, 3 vol. in-8, d.-rel., net 7 »

182 — Le même ouvrage, 5e édit., 1845, 3 vol. in-8, d.-rel., 24 fr., net   12 »

183 — Le 3e vol. se vend séparément, broché 8 fr. 50, net   3 »

184 — Le même ouvrage, 6e édit. corrigée et considérablement augmentée, 7 vol. in-8, brochés coupés, net   42 »

185 — Le même ouvrage, d.-rel. chagr. 53 »

186 — Faillites et banqueroutes de Boulay-Paty, 2e édit., 2 vol. in-8, net   10 »

187 **Boitard.** Leçons sur le Code de Procédure civile, 2 vol. in-8, 14 fr., net   5 »

188 — Le même ouvrage, d.-rel., net 6 50

189 — Le même, suivi du complément, par Colmet-d'Aage, 3 vol. in-8, 21 fr., net 12 »

190 — Leçons sur les Codes pénal et d'instruction criminelle, in-8, 7 fr., net   2 50

191 **Bonald.** Législation primitive, 3e édit., 1860, in-8, *franco*   8 »

192 **Bonceune et Bourbeau.** Théorie de la Procédure civile, 6 v. in-8, 45 fr., net 25 »

193 **Bonjean.** Traité des Actions en Droit romain, 2 vol. in-8, 15 fr., net   10 »

194 — Le même ouvrage, belle d.-rel. chagrin, net   12 »

195 **Bonjour.** Théorie des Gouvernements, 2 vol. rel., net   3 »

196 **Bonnet.** Des dispositions par contrat de mariage, 1860, 3 vol. in-8, *franco* 22 »

197 — Discours, Plaidoyers, Mémoires, 1839 2 vol. in-8, *rare*.   10 »

198 **Bonneville.** De l'amélioration de la loi criminelle, 1845, in-8, *franco*   10 »

199 — De la récidive ou des moyens pour la réprimer, 1839, in-8, *franco*   8 »

200 — Institutions complémentaires du Régime Pénitentiaire, net   4 »

201 **Bonnier.** Eléments d'Organisation Judiciaire et de Procédure, 1847, 2 vol. in-8, 14 fr., net   5 »

202 — Traité des Preuves en matière civile et criminelle, 1843, in-8, 9 fr., net   3 »

203 — Le même ouvrage, 2e édit.,   5 »

204 — Le même ouvrage, 3e édit., broché coupé, 15 fr., net   13 »

205 **Bonnin.** Principes d'Administration, 3 v. in-8, 1812, d.-rel., 20 fr., net   4 »

206 **Bonnin (V.).** Commentaire sur le Code de Procédure, 1 vol., 8 fr., net   2 50

207 — Commentaire sur la Législation commerciale, in-8, 7 fr., net   2 50

208 — Commentaire sur le Code d'Instruction criminelle, in-8, 7 fr., net   2 50

209 — Commentaire sur le Code pénal, in-8, 7 fr., net   2 50

210 **Bordeaux.** Législation des Cours d'eau, 4 fr., net   2 50

211 — Philosophie de la Procédure civile, 1857, 1 vol., in-8 8 fr., net   5 »

212 **Bories et Bonnassies.** Dictionnaire pratique de la Presse, 1847, 2 vol. in-8, coupé, 15 fr., net   11 »

213 **Bost.** Encyclopédie des Juges de Paix et des Tribunaux de simple Police, 2 vol. in-8, 16 fr., net   10 »

214 — Traité de l'Organisation municipale, 2 v. in-8, 15 fr., net   3 »

215 **Bost et Daussy.** Législation et Jurisprudence des Tribunaux de simple police, in-8, 7 fr., net   3 »

216 **Bouchené-Lefer.** Droit public et administratif, 5 vol. in-8, 37 fr. 50, net 15 »

217 — Principes et notions élémentaires de droit public admist., in-8, *franco* 8 50

218 **Boucher.** Le Consulat de la mer ou Pandectes de droit commercial et maritime, 1808, 2 vol. in-8.   10 »

219 **Boucher d'Argis.** Dictionnaire de la Taxe en matière civile, 1 vol. in-8, *très-rare*   12 »

220 **Boucher d'Argis (Gaspard).** Traité des Gains nuptiaux et de survie, 1787, in-8, rel., net   2 50

221 **Boudousquié.** Traité des Assurances contre l'incendie, in-8, *tr.-rare*   12 »

222 **Boulanger.** Etudes sur la novation en Matière d'enregistrement, in-8, *franco* 3 »

223 **Boulay-Paty.** Cours de Droit commercial, 4 vol. in-8, *rare*, net   20 »

224 — Traité des Assurances à la Grosse d'Emerigon, 2 vol. in-4, 15 fr., net   10 »

225 — Traité des Faillites et Banqueroutes, 2e édit., refondue par BOILEUX, 2 vol. in-8, 15 fr., net   10 »

226 **Bourgade.** Le Crédit foncier de France, le Crédit agricole, et les emprunteurs, in-8, *franco*   3 »

227 **Bourgat.** Code des Douanes, 1re édit., 2 vol., 15 fr., net   5 »

228 **Bourguignat.** Législation appliquée des établissements industriels et ateliers dangereux, 2 vol. in-8, *franco*   18 »

229 — Traité complet de Droit rural, 1850, in-8, 7 fr. 50, coupé, net   6 »

230 **Bourguignon.** Manuel d'Instruction criminelle, 3e édit., 2 vol., 10 fr., net 4 »

231 — Jurisprudence des Codes criminels, 1825, 3 vol. in-8, 10 fr., net   4 »

232 — Le même, d.-rel., net   4 »
233 **Bourguignon, Royer-Collard et Mourlon.** Les Codes français conformes au Texte officiel, 1864, 1 fort vol. in-8, broché, net   15 »
234 — Le même, d.-rel.   17 »
235 — Le même ouvrage, format in-18 ou in-32, d.-rel., 1864   6 »
236 **Bousquet.** Nouveau Dictionnaire du Droit, 2e édit., 1847, 25 fr., net   10 »
237 — Dictionnaire des Prescriptions, in-8, 6 fr., net   2 50
238 — Dictionnaire des Contrats et Obligations, 2 vol. in-8, 16 fr., net   10 »
239 **Braff.** Administration financière des communes, 1857, 2 vol. in-8, *franco*   15 »
240 — Principes d'administration commerciale, 2e édit. 2 vol. in-8, 1861, *franco*   8 »
241 **Bravard.** Manuel de Droit commercial, 1840, in-8, 9 fr., net   3 »
242 — Le même, 5e édit., 1855, net   5 »
243 — De l'Etude et de l'Enseignement du Droit romain, in-8, 4 fr., net   2 »
244 **Bravard-Veyrières et Ch. Demangeat.** Traité complet de droit commercial, 6 vol. in-8°, *franco*   48 »
Les tomes 1 et 3 sont en vente.
245 Traité des Sociétés commerciales, 1 vol. in-8, avec formul. 1861, *franco*   10 »
246 **Bréard-Neuville.** Pandectes de Justinien, mises dans un nouvel ordre, par Pothier, et traduites en français avec le texte en regard, 26 vol. in-8, compris la Table, rare, net   90 »
247 **Breulier.** Du droit de perpétuité de la propriété intellectuelle, 1855, in-8.   4 »
248 **Briand et Chaudé.** Manuel de Médecine légale, 1858, in-8, 10 fr., net   9 »
249 **Brissot de Warville.** Théorie des Lois criminelles, 2 vol. in-8, 15 fr., net   4 »
250 **Brossard.** Synopsie du Code civil annotée des textes qui le complètent ou le modifient, 1 vol. in-4, d.-rel., 20 fr., net   8 »
251 **Brun.** Nouveau Manuel des Conseillers de préfecture, 2 vol., 17 fr., net   10 »
252 **Bruno.** Législation et Jurisprudence résumées en 127 tableaux synoptiques, 1857, in-4, 15 fr., net   10 »
253 **Bugnet.** Les OEuvres complètes de Pothier, 10 vol. in-8, coupés, net   50 »
254 — Le même, belle d.-rel., net   65 »
255 **Bulletin** des Arrêts de la Cour de cassation, parties civile et criminelle, depuis 1798 jusques et y compris 1862, 141 vol. in-8, d.-rel., plus la Table de la partie civile par Duchesne, 5 vol. in-8, 430 fr., net   250 »
Nota. Chaque partie se vend séparément ainsi que les tables en 5 vol., net   30 »
256 **Bulletin** officiel des Lois, 1789 à 1862 compris, plus les 7 vol. de tables, d.-rel., très-propre, net   275 »
Années diverses et parties séparées de cette collection.
257 **Burdet.** Cours de Code civil, 1853, 2 vol. in-8, mar. rouge doré sur tr., net   10 »
258 **Burlamaqui.** Principes du Droit de la Nature et des Gens, édit. revue par Dupin, 5 vol. in-8, *tr-rare*   45 »
259 **Cabantous.** Répétitions écrites sur le droit admin., 1854, in-8, 9 fr., net   4 »

260 — Le même ouvrage, 2e édit., 1857, in-8, 10 fr., net   7 »
261 — Le même ouvrage, 3e édit. 1863   10 »
262 **Cadres.** Traité des Enfants naturels, 1846, in-8, 8 fr., net   3 »
263 — Modifications des dispositions du Code Napoléon, 1845, in-8, net   3 »
264 — Code de Procédure commerciale, 1844, in-8, net   3 »
265 **Calmels.** De la Propriété et de la Contrefaçon, 1 vol. in-8, d.-r., 9 fr., net   6 »
266 — Des noms et marques de fabriques, 1 vol. in-8, coupé, net   3 »
267 **Capmas.** De la Révocation des Actes faits par le débiteur en fraude des droits du créancier, in-8, 3 fr., net   2 25
268 **Cardon et Péchard.** Formulaire général ou Modèles d'actes rédigés sur chaque article du Code de Procédure civile, 5e édit., 1858, 2 vol. in-8, 10 fr., net   5 »
Quatre éditions de cet ouvrage, rapidement épuisées, attestent son utilité. Cette cinquième édition a été revue avec soin par les auteurs.
— Le même ouvrage, belle d.-rel.,   8 »
269 **Carette.** Lois, Décrets, Ordonnances et Avis du Conseil d'Etat, 1789 à 1862, 4 vol. in-4, d.-rel., 100 fr., net   75 »
270 **Calvo (Charles).** Recueil complet des Traités de convention et autres actes diplomatiques de tous les Etats de l'Amérique. Paris, 1862, tomes 1 à 6, 6 beaux volumes in-8, brochés   78 »
271 **Carnot.** De l'Instruction criminelle, 4 vol. in-4, 40 fr., net   22 »
272 — Code pénal, 2 vol. in-4, 36 fr.,   12 »
273 — Discipline judiciaire, in-8,   2 »
274 **Caron.** Juridiction des Justices de Paix. Ed. revue par M. Bioche, 1843, 2 v., net 7 »
275 — Traité théorique et pratique des Actions possessoires, in-8, 8 fr., net   4 fr.
276 — Juridiction des Justices de Paix. Edit. revue par M. Bioche avec le complément de Demoleues, 3 vol. in-8, net   10 »
277 **Carré (N.).** La taxe en matière civile, contenant les tableaux de chaque procédure, avec un supplément par Tripier, 1845-1852, 11 fr., net   8 »
278 **Carré.** Droit français dans ses rapports avec la Juridiction des Justices de Paix, 1833, 4 vol. in-8, 15 fr., net   9 »
279 — Traité des Lois sur l'Organisation judiciaire et de la Compétence des juridictions civiles. Edition mise en harmonie par Foucher, 1833-1839, 9 v. in-8, 30 fr., net   18 »
280 — Lois de la Procédure civile, 1829, 3 vol. in-4, 54 fr., net   6 »
281 **Carré et Chauveau.** Les Lois de la Procédure civile, 7 tomes en 8 vol. in-8, d.-rel. ou br., 60 fr., net   30 »
281 bis. Complém. de la 3e édit. 7 vol.   40 »
282 — Le même ouvrage, 4e édition entièrement refondue, 9 tomes en 11 vol. in-8, 1862, *franco*   88 »
283 **Carrier.** Traité des Obligations,   4 »
284 — Des Privilèges et Hypothèques,   2 »
285 — Contrat de Mariage, net   2 »
286 **Catalogue** des Livres de la Bibliothèque de la Cour de cassation, 4 vol. in-8   5 »
287 **Cauchy.** Du Duel considéré dans ses origines et dans l'état actuel des mœurs, 1846, 2 vol. in-8, 15 fr., net   10 »

288 **Caumont.** Dictionnaire universel du droit commercial et maritime, 2 vol. g. in-8 à 2 col., broché coupé, 24 fr., net   18 »

289 — De l'extinction des procès, ou l'amiable composition remplaçant l'arbitrage volontaire, suivi d'un formulaire d'actes, brochure gr. in-8, 5 fr., net   3 50

290 — Institution du crédit sur marchandises, ou le commerce du monde, 1 vol. gr. in-8, coupé, net   3 50

291 **Causes célèbres,** politiques, 4 vol.; criminelles, 4 vol.; étrangères, 5 vol.
    Les 13 vol., demi-rel. bas., net   45 »

291 *bis* **Causes célèbres criminelles.** 4 v. 15 »
    (Voy. Méjan, Saint-Edme, Sabatier.)

292 **Cellier.** Formules d'Actes et Cours de Rédaction notariale, in 8, 8 fr., *rare*   6 »

293 — Réforme notariale et Vénalité des Offices, 1840, in-8, 8 fr., net   3 »

294 **Chabot.** Code manuel des maires, adjoints et conseillers municipaux, ou dictionnaire des connaissances élémentaires, etc., un fort vol. in-8, 9 fr., net   6 »

295 **Chabot (de l'Allier).** Commentaire sur la loi des Successions. Édit. revue par Mazerat, 2 v. in-8, 10 fr., net   6 »

296 — Le même ouvrage, belle d.-rel.,   8 »

297 Commentaires sur la loi des Successions. Édition revue par M. Belost-Jolimont, 2 forts vol. in-8, 12 fr., net   8 »

298 — Le même ouvrage, édit. 1840, 4 vol., net   4 »

299 — Questions transitoires sur le Code civil, in-4 relié, net   4 »

300 — Le même ouvrage, 3 vol. in-8, 15 fr., net   8 »

301 — Commentaire sur la loi des Successions, 3 vol. in-8, 1818, d.-rel., net   4 »

302 **Chabrol-Chaméane.** Dictionnaire de Législation usuelle, 2 vol. grand in-8, 12 fr., net   10 »

303 — Dictionnaire général des Lois pénales, 2 vol. grand in-8, 12 fr., net   7 »

304 **Chambellan.** Études sur l'histoire du Droit français, in-8, 9 fr., net   5 »

305 **Champeaux.** Le Droit ecclésiastique français, ancien et moderne, 1845, 2 vol. in-8, 15 fr., net   9 »

306 **Championnière.** Du droit des riverains à la propriété des eaux courantes, in-8, 9 fr., net   6 »

307 — Le même, d.-rel. chagrin, net   7 »

308 — Dictionnaire des Droits d'enregistrement, 1 vol. in-8, d.-rel., 12 fr., net   5 »

309 — **Rigault et Pont.** Traité des droits d'Enregistrement, compris le dictionnaire et le supplément, 6 vol. in-8, 50 fr., net 30 »

310 — Le même ouvrage, d.-rel., net   35 »

311 — Contrôleur de l'Enregistrement, y compris 1862, 49 vol. in-8, demi-rel., 200 fr., net   80 »

312 **Chantagrel.** Droit administratif théorique et pratique, 2e édit., 1862, 1 fort vol. in-8, 9 fr., net   8 »

313 — Commentaire du Code Napoléon, 3 vol. in-8,   30 »
    Les tomes I et II sont en vente, chaque volume   10 »

314 — Manuel de droit criminel, 1858, in-12, 3 fr. 50, net   3 »

315 — Manuel de procédure civile (sous presse).

316 **Chardon.** Traité du dol et de la fraude en matière civile et commerciale, 3 vol. in-8, d.-rel., *rare*, net   18 »

317 — Traité du droit d'alluvion, in-8, 8 fr., net   5 »

318 — Traité des trois puissances paternelle, maritale et tutélaire, 3 v. in-8, 24 f., net 20 »

319 — De l'usure dans l'état actuel de la législation, 1823, in-8, *rare*,   6 »

320 **Chassan.** Traité des délits et contraventions de la Parole et de l'Écriture, avec supplément, 1851, 3 vol. *tr.-rare*,   25 »

321 — Symbolique du Droit, précédée d'une introduction, 1 vol. in-8, 9 fr., net   6 »

322 **Chasserian.** Précis historique sur la Marine, 2 vol. in-8, 15 fr., net   4 »

323 **Chataignier.** Du renvoi sur la surveillance de la haute police, 1849, in-8.   2 »

324 — De l'Infanticide, 1 vol. in-8, d.-rel. v., net   3 50

325 **Chateauvillard.** Essai sur le Duel, 1837, in-8, *rare*, net   10 »

326 **Chatignier.** Commentaire des clauses et conditions imposées aux Entrepreneurs, 1862, in-18,   2 50

327 **Chauveau (Adolphe).** Code d'instruction administrative ou lois de procédure administrative, 1860-61, 2 vol., *franco* 13 »

328 — De la procédure de l'ordre, 1860, 2 vol. in-8, *franco,*   12 »

329 — Code de la Saisie immobilière, loi du 2 juin 1841, 2 v. in-8, d.-rel., 16 fr., net 6 »

330 — Code pénal progressif, in-8   3 »

331 — Commentaire sur le Tarif, 2 vol. in-8, *rare*, net   8 »
    (Il manque à cet exemplaire les cinq tableaux de procédure.)

332 — Le même ouvr. avec les tableaux   15 »

332 *bis.* — Principes de Compétence et de Juridiction administrat., 3 vol. in-8, *rare* 25 »

333 Dictionnaire de Procédure ou Table du Journal des Avoués, 1857, in-8, relié ou broché, 12 fr., net   7 »

334 — Journal des Avoués, compris 1862, 87 vol. in-8, d.-rel. basané, net   150 »

335 — Le même ouvrage, broché, net   130 »

336 **Chauveau (Adolphe) et Faustin-Hélie.** Théorie du Code pénal, 8 vol. in-8, d.-rel. ou br., net   18 »

337 — Le même, 2e édit., 1843, 6 vol. in-8, net   25 »

338 — Le même, 3e édit., 50 fr., net   30 »

339 — Le même ouvrage, 4e édit., 6 vol., 50

340 — Même édit., d.-rel., chagrin, net   59 »

341 **Chauveau (Adolphe) et Glandaz,** Formulaire général de Procédure civile, 2 vol. in-8, 1853, net   10 »

342 — Le même ouvrage, 2e édit., 1862, 2 vol. in-8, *franco,*   18 »

343 **Chauvot.** Le barreau de Bordeaux, in-8, 6 fr., net   4 »

344 **Chauvot.** Traité de la Propriété mobilière, 2 vol. in-8, 13 fr., net   5 »

345 — **Chenier.** Guide des Tribunaux militaires, 2e édit., 1853, 3 vol. in-8,   10 »

346 **Chevalier.** Jurisprudence administrative, 1836, 2 vol. in-8   8 »

347 **Chevalier d'Arc.** Traité des Offices, 1838, in-8, net   3 »

348 **Choix de rapports,** Opinions et Discours, 22 vol. in-8, d.-rel., net   45 »

349 — Le même ouvrage, moins la session de 1849, et Table, 20 vol. in-8, d.-rel. 25 »

350 **Clair et Clapier.** Barreau Français et Anglais, ou Choix des meilleurs Plaidoyers des Avocats français et anglais, 10 vol. in-8, d.-rel., net 45 »

351 **Chevillard.** De la division administrative de la France, 1862, 2 vol. in-8, *franco* 15 »

352 — Manuel des Arbitres, 1 vol. in-8, net 3 »

353 **Clerc.** Traité général du notariat et de l'enregistrement, 8 vol. in-8. (En vente, 1re Partie, Notariat, 3 vol.), d.-ch. 16 »

   (2e partie, Enregistrement, 2 vol.) *franco* 16 »

354 **Clerc et Dalloz.** Traité théorique et pratique ou Formulaire général et complet du Notariat, 3e édit., 2 vol. in-8, 10 »

355 — Le même, 4e édit., 1858, *franco* 18 »

356 — Théorie du Notariat pour servir aux Examens de capacité, in-8, 8 fr., net 7 »

357 **Clerc et A. Dalloz.** Formulaire du Notariat, 2e édit., 1847, 2 vol. in-8, d.-rel., net 5 »

358 **Clérault.** Traité des Etablissements dangereux, 1845, in-8, 7 fr. 50, net 4 50

359 **Cochin.** Ses Œuvres, 6 vol. in-4, reli., net 6 »

360 — Nouvelle édit., 8 forts volumes in-8, 60 fr., net 8 »

360 *bis.* **Code Napoléon,** en vers français, 1 vol. in-18, *rare* 10 »

361 **Codes** français, Voy. Bacqua, Bourguignon, Teulet, Tripier et Royer-Collard.

362 **Code noir.** Recueil des règlements, édits, déclarations et arrêts concernant le commerce et l'administration des Colonies françaises, 1745, 1 vol. 3 »

363 **Code** pénal de la Chine, 2 vol. in-8. 6 »

364 **Coffinière.** Traité de la Liberté individuelle, 2 vol. in-8, 14 fr., net 7 »

365 — De la Bourse et de ses spéculations sur les Effets publics, in-8, rel., net 3 »

366 **Coin-Delisle.** Des Donations et Testaments, 1 vol. in-4, 20 fr., net 12 »

367 — Le même ouvrage, d.-rel., chag. 14 »

368 — Limite du droit de rétention par l'Enfant donataire renonçant, 1852, in-8 4 »

369 — Jouissance et Privation des droits civils, 1835, in-4, 4 fr., net 2 »

370 — Livre III, titre 16, sur la contrainte par corps, 1843, in-4, 6 fr., net 3 »

371 **Coin-Delisle et Frédérich.** Code forestier, mis en rapport avec la Législation, 2 vol. in-8, 12 fr., net 4 »

372 **Colfavru.** Le droit commercial comparé de la France et de l'Angleterre, 1861, in-8, *franco* 10 »

373 **Collas.** Etudes analytiques du Code civil, 1839, in-8, net 3 »

374 **Colas de la Noue.** Jurisprudence de la Cour royale d'Orléans, 2 vol. in-8, v. pl., bel exemplaire, net 5 »

375 **Collection officielle** des Ordonnances de police, de 1800 à 1850, 5 vol. in-8 coupés, net 10 »

376 **Collection** générale des Lois depuis la convocation des Etats généraux jusqu'au 18 prairial an II, 22 vol. in-4, d.-rel. 30 »

   Voy. *Bulletin des lois* Carette, Duvergier, Lepec.

377 **Colombel.** Les Institutions de la France, considérées au point de vue civil et politique, 1846, in-8, net »

378 **Compte** général de l'Administration de la Justice criminelle, de 1825 à 1862, 42 vol. in-4, 120 fr., net 60 »

379 **Compte** général de l'Administration de la Justice civile et commerciale, 1830 à 1862, 30 vol. 60 »

380 **Compte** rendu des séances des Assemblées nationale et législative du 4 mai 1848 au 2 décembre 1852, 27 v. in-4, compris 2 vol. de tables, net 60 »

381 **Compte** rendu des débats devant la Chambre des pairs de l'affaire des mines de Gouhenans, 15 pièces in-4, net 12 »

382 **Compte** rendu des séances de l'Assemblée nationale, 11 vol. compris la table, net 10 »

383 **Comptes** rendus du Corps législatif et du Sénat, de 1852 à 1862, 119 vol. in-8 et in-4 (collection bien complète), 220 »

384 **Comte.** Traité de la Propriété, 2 vol. in-8, 7 »

385 — Traité de Législation, 4 vol. in-8, 30 fr., net 10 »

386 — Des Pouvoirs et des Obligations des jurys, 1843, in-8 5 »

387 **Constant** (Benj.) Cours de politique constitutionnelle, nouvelle édition, 2 vol. in-8, *franco* 16 »

388 **Coquelin.** Dictionnaire d'économie politique, 2 vol. in-4, coupé, net 50 »

389 **Cormenin.** Questions de droit administratif, 4e édit., 1837, 3 vol. in-8, rel. ou broc., *rare*, net 9 »

390 — Le même ouvrage, 5e édit., 1840, 2 vol. grand in-8, *tr.-rare*, net 35 »

391 **Corpus** juris civilis, édente Galisset, avec onglets, rel., 30 fr., net 16 »

392 — juris civilis Academicum, auctore Ch. H. Freiesleben, 1789, in-4, rel., net 12 »

393 — juris canonice Academicum emendatum et notis Lancellotti Henri Freiesleben, 1 vol. in-4, rel., net 18 »

394 — juris civilis, editio stereotypa cura Beck, Lipsiæ, 2 vol. in-4, d.-rel. 20 »

395 — juris civilis, édit. Elzevir, 1664, 2 vol. in-8, d.-rel. v., net 20 »

396 **Corpus** juris civilis Gothofredi, 1590, 2 tomes en 1 fort vol. in-folio 15 »

397 **Corpus** juris civilis Gothofredi, 1663, édit. Elzevir, 2 vol. in-folio, édit. la plus estimée. 45 »

398 **Cotelle fils.** Cours de Droit administratif appliqué aux travaux publics, 2e édit., 3 v., in-8, net 12 »

399 Le même ouvrage, 3e édit., 4 volumes in-8, *franco*. 30 »

400 — Traité des procès-verbaux en matière administrative, in-8, 8 fr., net 5 »

401 **Coulon.** Dialogues et Questions de Droit, 4 vol. in-8, 31 fr. 50, net 30 »

402 **Courcelles, Seneuil.** Traité théorique et pratique d'économie politique, 2 vol. in-8, *franco* 15 »

403 — Traité théorique et pratique des opérations de Banque, 1853, in-8, net 4 »

404 **Courgibet.** Les Avoués réduits à leur plus simple expression, in-8, net 2 »

405 **Couturier de Vienne.** Etude historique sur la Législation civile, in-8, net 2 »

406 **Constarier**. Traité de la prescription en matière criminelle, *franco*   7 »
407 **Crémieux et Balson**. Code constitutionnel, 1 vol. in-4, 15 fr., net   4 »
408 **Crivelli**. Dictionnaire de Droit civil, commercial et criminel, 1 vol. in-8   4 »
409 **Crozet**. Procédure administrative, 1855, in-8, *franco*   8 p
410 **Cubain**. Traité des Droits des femmes, 1842, in-8, 7 fr., net   5 »
411 — Procédure devant les Cours d'assises, 1 vol. in-8, d.-rel, v., net   4 50
412 **Cujacii (Jacobi)** Opera omnia, ad Parisiensem Fabrotianam editionem diligentissime exacta, *Prati*, 1836-47. 13 vol. in-4, 250 fr., net   200 »
413 **Curasson**. Compétence des Juges de Paix, 2e édit., 2 vol., net   7 »
414 — Le même ouvrage, 3e édition, 1854, 2 v. in-8, *franco*   17 »
415 — Traité des Actions possessoires, 1 vol. in-8, coupé, 7 fr, 50, net   5 »
416 **Cussy (de)**. Phases et Causes célèbres du droit maritime des nations, 2 vol. in-8, *franco*   18 »
417 **Dageville**. Comment. du Code de commerce, 4 vol, in-8, *très-rare*   30 »
418 **D'Aguesseau**. OEuvres complètes, 13 vol. in-4, rel., net   25 »
419 — Le même ouvrage, édit. publiée par Pardessus, 16 vol. in-8, d.-rel., net   40 »
420 **Dalloz**. Jurisprudence générale ou Répertoire méthodique et alphabétique de Législation, nouvelle édit refondue jusqu'en 1844, 41 vol. parus.
421 — Recueil périodique de 1845 à 1862 faisant suite au Répertoire général, en tout 58 vol, in-4, brochés coupés, 768 fr., net   580 »
422 — Le même ouvrage, belle d.-rel., chag. noir, 3 fr. en plus par vol. On vend séparément :
423 — Le Répertoire général, 41 vol. brochés, net.   410 »
424 — Recueil périodique, 1845 à 1862, 17 vol. br., 360 fr., net   180 »
425 — Traité des Droits d'Enregistrement, 2 v. in-4, d.-rel.   30 »
426 — Législation des Mines, 2 vol, gr. in-8, *franco*   20 »
427 **Dalloz**. Jurisprudence générale du royaume jusques et y compris 1862, 50 vol. in-4, d.-rel., net   200 »
428 — Grand nombre d'années séparées de cet ouvrage,
429 — Jurisprudence générale du royaume, depuis l'origine jusqu'en 1844, 32 vol. in-4, rel., net   100 »
Nota. Cet ouvrage contient le texte de tous les Arrêts et peut servir comme complém. au nouveau répertoire de MM. Dalloz frères.
430 **Dalloz (Armand)**. Dictionnaire général et raisonné de Jurisprudence, 5 vol. in-4, d.-rel., 120 fr., net, 30 fr., avec suppl., net   50 »
431 — Dictionnaire général et raisonné de Jurisprudence, 12 liv. in-4, plus 2 liv. de supplément jusqu'en 1858, 140 fr., net   50 »
432 — Le Supplément seul, 2 liv. in-4,   20 »
433 **Dalmas**. Des frais de Justice en matière criminelle, 1824, avec supplément de 1837, 2 vol. in-8, *tr.-rare*   20 »

434 **Damaschino**. Traité des Magasins généraux et des ventes publiques, 1860, in-8, *franco*   5 »
435 **Damourette**. Brevets d'invention, dessins et marques de fabrique, 1858, in-8, *franco*   3 »
436 **Dard**. Code civil, 3e édit., 1827, in-8, *fr.-rare*   12 »
437 — Traité des Offices désignés dans la loi de 1816, 1 vol., 6 fr., net   3 50
438 **Dareste**. La Justice administrative en France, in-8, 1862, *franco*   8 »
439 — Manuel des Contributions indirectes et des Octrois, in-8, net   7 »
440 **Daubenton**. Code de la Voirie, 1836, in-8, 6 fr., net   4 50
441 **Dannou**. Essai sur les Garanties individuelles, in-8, 5 fr., net   3 »
442 — Essai sur la Puissance temporelle du Pape, 1818, 2 vol. in-8, 10 fr., net   5 »
443 **Davenne**. Régime administratif et financier des communes, in-8, 10 fr., net   8 »
444 — Recueil méthodique des lois de voirie, 2 vol., net   8 »
445 **Daviel**. Traité de la Législation des Cours d'eau, 2e édit., 2 vol., 15 fr., net   2 »
446 — Le même ouvrage, 3e édit., 1845, 3 vol, 22 fr. 50, net   12 »
447 **De Bastard**. Les parlements de France, 2 vol. in-8, 1858, *franco*   16 »
448 **Debelleyme**. Ordonnances sur Requêtes et Référés, 2e édit., 2 vol. in-8, 15 fr., net   6 »
449 — Le même, 3e édit., 2 v, in-8, net   15 »
450 **Debray**. Manuel de l'Expropriation pour cause d'utilité publique, in-8, 4 fr,   2 »
451 **De Caqueray**. Explication des Passages de droit privé contenus dans les OEuvres de Cicéron, 1 vol.   7 »
452 **Decaudaveine et Théry**. Traité de l'Expropriation pour cause d'utilité publique, in 8, 8 fr., net   4 »
453 **Declerq**. Formulaire des Chancelleries diplomatiques et consulaires, 3e édit. 1861, 2 vol. in-8, *franco*   16 »
454 — et de **Vallat**, Guide Pratique des Consulats, 2e édition, 1858, 2 vol. in-8, *franco*   16 »
455 — Formulaire à l'usage des Consulats, 1848, in-8, net   6 »
456 **Decourdemanche**. Du Danger de prêter sur hypothèques et d'acquérir des immeubles, in-8, 7 fr., net   3 »
457 **De Gérando**. Institutes du droit administratif, 1846, 5 v. in-8, 42 fr., net   26 »
458 **De Gregory**. Projet de Code pénal universel, 1 vol. in-8, 4 fr., net   1 »
459 **Delabarre de Nanteuil**. Législation de l'île Bourbon, 3 vol. gr. in-8   15 »
460 **Delaborde**. Traité des avaries, in-8, *tr.-rare*   10 »
461 **Delalleau**. Expropriation pour cause d'utilité publique, 5e édition, revue par Jousselin et Rendu, 1856-58, 2 vol. in-8, *franco*   16 »
462 — Traité de l'Expropriation pour cause d'utilité publique, 4e éd., 2 vol. in-8, 15 fr., net   7 »
463 — Traité des Servitudes, in-8, net   4 »
464 **Delamalle**. Essai d'Institutions oratoires, 2 vol. in-8, d.-rel., net   4 »

465 — Mémoires et Plaidoyers, 4 vol. in-8, net　42 »
466 **Delamarre et Le Poitvin.** Traité du Contrat de commission, 6 vol. in-8　25 »
467 — Le même ouvrage, nouvelle édition, 1861, 6 vol. in-8, br. coupé　40 »
468 Le même ouvrage, demi-chag., net　45 »
469 **Delamontre.** Traité du Prêt sur hypothèque, in-8, 6 fr. 50, net　4 »
470 **Delamorte-Félines.** Manuel du Juge d'Instruction, in-8, rel., net　4 »
471 **Delandre.** Traité pratique des douanes, 1859, 2 vol. in-8, *franco*　18 »
472 **Delangle.** Commentaire sur les sociétés commerciales, *rare*, 2 vol. in-8　15 »
473 **Delaporte.** Pandectes françaises, ou Commentaire sur le Code civil, 15 vol. in-8, rel., net　10 »
474 **Deleurie.** Corps de Droit civil français, 12 vol. in-8, 30 fr., net　8 »
475 **Delisle.** Principes de l'interprétation des Lois, 2 vol. in-8, 12 fr., net　9 »
476 **Delpon.** Traité de l'Action publique, 2 v. in-8, 10 fr., net　7 »
477 **Delsol.** Le Code Napoléon expliqué, 3 v. in-8, 22 fr., net　20 »
478 **Delvincourt.** Cours de Code civil, 3 vol. in-4. Paris, 1819, rel., 20 fr.,　8 »
479 — Le même, 1824, d.-rel., 30 fr.,　15 »
480 — Institutes de Droit commercial, 2 vol. in-8, 15 fr., net　3 50
481 **Delzers.** Cours de Procédure civile et criminelle, 1845, t. 1er, net　4 »
482 **Demadre.** Formulaire pour inventaires, 1857, in-4, 4 fr., net　3 50
483 — Formulaire des Contrats de Mariage, in-4, 1859, 6 fr., net　5 50
484 **Demangeat.** Histoire de la Condition civile des Etrangers en France, 1 vol.　4 »
485 **Demante.** Programme du Cours de Code civil, 3e édit., 3 vol. in-8, net　9 »
486 — Cours Analytique de Code civil, 3 vol. parus, 22 fr. 50, net coupés　18 »
Les tomes 1 et 2, seuls 15 fr., net　10 »
487 **Demante (G.)** Exposition des principes de l'Enregistrement, 2e édit., 2 vol. in-8, *franco*　12 »
488 **Demaze.** Le Parlement de Paris, 1860, in-8, *franco*　5 »
489 — Le Châtelet de Paris, *franco*　7 »
490 — Les curiosités judiciaires du Parlement, *franco*　4 »
491 **De Molènes.** Traité des Fonctions de Procureur du Roi, 2 vol. in-8, net　10 »
492 — Le même, d.-rel., net　12 »
493 — De l'Humanité dans les lois criminelles, in-8, d.-rel., net　3 »
494 **Demolombe.** Cours de Code Napoléon, 19 vol. parus, à 8 fr., net　7 »
495 — Le même ouvrage, belle d.-rel., chaque volume, net　8 50
Chaque volume se vend séparément 7 fr. br., 8 fr. 50 belle d.-rel. chag., rel. neuve.
496 — Traité de la Publication, des Effets et de l'Application des lois en général; — de la jouissance et de la privation des droits civils; — des Actes et de l'état civil; — du Domicile. 2e édit. 1860, in-8.
497 — Traité de l'Absence. 2e éd. 1860, in-8.
498 — Traité du Mariage et de la Séparation de corps. 2e éd. 1860-61, 2 vol. in-8,

499 **Demolombe.** Traité de la Paternité et de la Filiation, 2e éd. 1861, in-8.
500 — Traité de l'Adoption et de la Tutelle officieuse; — de la Puissance paternelle, voir 2e éd. 1861, in-8,
501 — Traité de la Minorité, de la Tutelle et de l'Emancipation; — de la Majorité, de l'Interdiction et du Conseil judiciaire; — des Individus placés dans un établissement public ou privé d'aliénés, 2e édit. 1861, 2 vol. in-8,
502 — Traité de la distinction des biens; de la propriété de l'enfant; de l'usage et de l'habitation. 2e éd. 1861, 2 vol. in-8,
503 — Traité des Servitudes ou Services fonciers, 2e éd. 1858-59, 2 vol. in-8.
504 — Traité des Successions, 2e éd., 5 vol. in-8, 1857-1862.
505 Traité des Donations entre-vifs et des Testaments, Tomes Ier et II, 1861, 2 vol. in-8.
506 **Desgodets.** Lois des Bâtiments, nouv. éd., revue par Lepage, 2 v. in-8, d.-rel., net 4 »
507 — Le même, 1857, br., net　7 50
508 — Lois des Bâtiments. Nouvelle édit., mise en rapport avec les Lois et la Jurisprudence moderne, par Destrem, 1 v. in-8, net 4 »
509 **Despréaux.** Dictionnaire général des Hypothèques, 1841, 15 fr., net　4 »
510 **Desquiron.** Traité de la Mort civile en France, 1821, in-8, 5 fr., net　2 »
511 **Devallée** (Oscar). De l'Eloquence judiciaire au XVIIIe siècle, Antoine Lemaitre et ses contemporains, 1856, in-8, *franco*　7 50
512 **Devaulx et Fœlix.** Code forestier annoté, 2 vol. in-8, demi-rel., net　4 »
513 **Devergie et Dehaussy de Robecourt.** Médecine légale, théorique et pratique, 3e édit., 1852, 3 vol. in-8.　21 »
514 **Devilleneuve et Carette.** Recueil général des Lois et Arrêts, fondé par Sirey, 1789 à 1862 inclus. Lois annotées et Arrêts, plus la Table générale de 1789 à 1860, en tout 49 vol. in-4 br. coupés, 580 fr., net　330 »
515 — Le même ouvrage, belle demi-rel. chagrin, 700 fr., net　420 »
516 — Le même ouvrage, demi-rel. basane très-propre, net　400 »
517 — Le même ouvrage, demi-rel. basane ordinaire, net　380 »
Nota. Ces divers exemplaires sont garantis complets. Voy. *Sirey.*
518 — Jurisprudence du XIXe siècle, ou Tables génér., 1789 à 1850, 4 v. in-4, br., net 60 »
519 — Tables décennales, 1851 à 1860,　25 »
520 **Devilleneuve et Massé.** Dictionnaire du Contentieux commercial, 1840, gr. in-8, demi-rel., net　4 »
521 **Deyraud.** De l'Administration de la Justice en France, 3 v. in-8, 12 fr., net　4 »
522 **Dictionnaire** des droits d'Enregistrement, de timbre et de greffe, 2e édit. de 1831, 2 v. in-4, demi-rel., 30 fr., net 10 »
523 **Dictionnaire** des notaires et des avocats, 5 vol. in-8, 42 fr., net　20 »
524 **Dictionnaire** du Notariat, 3e édit., avec le supplément, 8 vol. in-8, net　12 »
525 — Le même ouvrage, 4e édit., 13 forts vol. in-8, demi-rel.　120 »
526 **Dictionnaire** général d'administration, 1846-49, 4 part., gr. in-8, 28 f., net　24 »
527 **Dieulin.** Le Guide des Curés dans l'admi-

nistration temporelle des Paroisses, 1844, 2 vol. in-8, 10 fr., net　　8 »

528 Documents relatifs au Régime hypothécaire, 3 vol., net　　5 »

529 Domat, Œuvres complètes, 1777, 4 vol. in-fol., rel. en veau, net　　7 »

530 — Le même ouvrage, nouv. édit., rev. par Rémy, 4 vol., *rare*　　25 »

531 Domenget, Du mandat de la commission, etc., 1862, 2 vol. in-8, *franco*　　12 »

532 — Institutes de Gaïus, 2e éd., 1847, in-8, 5 »

533 Donelli (Hugonis), Opera omnia, Florence, 1843, 11 v. gr. in-8, 130 fr., net 70 »

534 Droit (le). Journal des Tribunaux, collection complète depuis l'origine, 1er décembre 1835 jusqu'en 1861 inclusivement, avec toutes les tables, net　　230 »
　　Années diverses séparément.

535 Dubarry. Le secrétaire de mairie, 1861, in-8, *franco*　　5 »

536 Dubeux. Essai sur l'institution de l'avocat des pauvres, etc., 1847, in-8, *franco*　8 50

537 Dubois de Niermont. Organisation des Conseils de Préfecture, in-8, broch., 7 fr. 50, net　　4 50

538 Dubost, Des Hypothèques judiciaires sur les biens à venir, des droits réels et de l'inscription hypothécaire, 1 vol. in-8, 1857, 3 fr., net　　2 50

539 Duboys, Histoire du Droit criminel des Peuples anciens, 1845, in-8,　　7 »

540 — Histoire du Droit criminel des Peuples modernes, 2 v. in-8, 15 fr. net　　12 »

541 Dubreuil. Législation des Eaux, 2 v. in-8, demi-rel., 15 fr., net　　10 »

542 Ducaurroy. Institutes de Justinien, traduites et expliquées, 2 v. in-8, net　15 »

543 — Institutes de Justinien, nouvellement expliquées, 1844, 2 v. in-8, 12 fr., net　3 »

544 — Traduction des Institutes de Justinien avec le texte en regard, in-8, net　2 50

545 Ducaurroy-Bonnier et Roustain. Commentaire théorique et pratique sur le Code Napoléon, 2 v. in-8, 15 f., net　4 »

546 Duchène, Manuel commercial et administratif du capitaine au long cours, 1856, in-8, *franco*　7 50

547 Duchesne. Table analytique des arrêts de la Cour de cassation, 5 vol.　30 »
　　(Voy. *Arrêts de la Cour*.)

548 — Du Mariage, Examen des principes qui le régissent suivant le Code civil français, le Droit romain, etc., 1844, in-8, 7 50, net 3 »

549 Ducrocq. Cours de Droit administratif, in-8, *franco*　9 »

550 Duez, Code pén. militaire, in-18, net 1 25

551 Dufau, Duvergier et Guadet. Collection des Constitutions fondamentales, 1823, 6 vol. in-8, rel., *rare*, net　45 »

552 Dufour (G.), Traité général de Droit administratif, 4 v. in-8, 30 fr., net　8 »

553 — Le même ouvrage, 2e édition, refondue, 7 forts vol. in-8, 56 fr., net　52 »

554 — Police des Eaux, 1 vol. in-8, net　7 »

555 — De l'Expropriation, 1 vol. in-8, net 7 »

556 — Lois des Mines, in-8, net　7 »

557 Dufour (B.). Aide-Mémoire d'un Président d'assises, 1846, in-4, net　2 50

558 — Le même ouvrage, 2e édit., net　5 50

559 Dufour (N.). Traité de la Police des Cultes, 1847, 2 vol. in-8, 18 fr., net　9 »

560 Dufour. Droit maritime, comment. des Titres I et II du Code de commerce, 2 vol. in-8, *franco*　16 »

561 Dufour de Saint-Pathus. Additions aux cinq Codes ou Textes des Lois, Sénatus-Consultes, etc., 2 v. in-8, d.-rel., net 4 »

562 Dufrayer, Manuel du Prêteur sur hypothèque, 1 vol. in-18, 2 fr. 50, net　» 75

563 Dufrêne. Traité théorique et pratique sur le tarif des greffiers, 1838, in-8, *franco* 7 »

564 Dufresne. Traité de la Séparation des Patrimoines, in-8, 4 fr., net　3 »

565 Dumay, Commentaire sur la Loi des Chemins vicinaux, 2 vol., 14 fr., net　9 »

566 Dumesnil. De l'Organisation des Conseils généraux, 2 vol. in-8, net　6 »

567 — Résumé du droit français, in-8, net 2 »

568 — Lois et Règlements de la Caisse des Dépôts et Consignations, 7 fr., net　4 »

569 — Le même ouvrage avec supplément, 2 vol. in-8, net　6 »

570 — Législation du Trésor public en matière contentieuse, 1846, in-8, 5 fr., net　3 »

571 Dumont. De l'Organisation des Cours d'eau, in-8, 8 fr., net　5 »

572 Dupin. Réquisitoire, Plaidoyers et discours de Rentrée, de 1830 à 1852, 11 vol. in-8, ex. coupé, net　60 »

573 — Du même ouvrage, les tomes 1 à 6, contenant les Réquisitoires de 1830 à 1842, 6 v. 42 fr., net　15 »

574 — Lettres sur la profession d'avocat, 4e éd. 1818, 2 v. in-8, *rare*, net　4 »

575 — Le même ouvrage, 5e édit., 1832, 2 vol. in-8, *rare*, net　17 »

576 — Manuel des Etudiants en Droit, 1 fort v. in-18, *rare*　5 »

577 — Heineccius Recitationes Juris civilis, 2 v. in-8, net　5 »

578 — Manuel du droit public ecclésiastique, 1844, in-12, net　2 »

579 — Code du Commerce des Bois et Charbons, Paris, 1817, 2 vol. in-8, net　4 »

580 — Code forestier, 1 vol. in-18, net　2 »

581 — Lois des Communes, 2 v. in-8.　5 »

582 Dupont. Législation des Mines, 2 v. in-8, *franco*　18 »

583 — Dictionnaire des Formules, 4e éd., 1858, 2 vol. in-8, 18 fr., net　16 »

584 Duport-Lavillette. Questions de Droit tirées des Consultations de l'Auteur, 7 vol. in-8, demi-rel., 50 fr., net　15 »

585 Duquénel, Lois municipales, rurales, administratives, 2 vol. in-8, net　3 »

586 Durand, Commentaire sur la Contrainte par Corps, in-8, 6 fr. 50, net　3 »

587 Durand (Em.). Code général des lois françaises, continué et mis au courant par un supplément, 2 vol. in-8　18 50

588 Duranton. Cours de Droit français, suiv. le Code civil, 22 vol. in-8, 4e édit., broché 100 fr., net　80 »

589 — Le même ouvrage, 4e édit., 22 vol. in-8, demi-rel., net　95 »

590 — Le même, 3e édit., 21 v. br., net　25 »

591 — Le même, 3e éd. d.-rel. tr.-p., net 40 »

592 — Le même, 3e éd., avec la table formant le 22e vol., rel., net　50 »

593 — Contrats et Obligations, 1819, 4 vol. in-8, demi-rel., net　6 »

594 Durieu et Roche. Répertoire d'Administration et de Comptab. des Établiss. de bienfaisauce, 2 v. in-8, 18 fr., net 12 »

595 **Durieu.** Formulaire de comptab., in-8, net 3 »

596 — Poursuites en matière de Contributions directes, 2 v. in-18, net 8 »

597 **Dutard et Sasserre.** Dictionnaire de Jurisprudence usuelle, in-8, net 3 »

598 **Dutruc.** Traité de la Séparation de Biens judiciaire, in-8, 7 fr., net 6 »

599 — Traité du Partage des Successions, 1855, in-8, net 7 »

600 **Duval.** Le droit dans ses Maximes, grand in-8, net 3 »

601 **Duverdy.** Traité du Contrat de transport, 1861, in-8, *franco* 7 »

602 **Duverger (F.).** Manuel criminel des Juges de paix, 1850, in-8, 7 fr., net 4 »

603 — Manuel des Juges d'instruction, 2e édit., 3 vol. in-8 12 »

604 — Dictionnaire national de Droit français, in-8, net 2 50

605 **Duvergier.** Collection complète des lois, 1789 à 1862, avec tables, 64 vol. in-8, d.-rel, chagr. n., 500 fr, net 230 »

606 — Le même ouvrage, 64 vol. d.-rel. basane propre, net 190 »

607 — Le même ouvrage, 64 v. br., net 175 »

608 — Collection complète des Lois, 1789 à 1844 compris, avec table, 46 vol. in-8, br. très-propre, net 70 »

Nota. Devilleneuve-Sirey, Le Journal du Palais et Dalloz ayant publié les lois annotées depuis 1845, peuvent servir de complément. — Grand nombre d'années séparées.

609 — Suite à Toullier, contenant les Traités de la vente, Sociétés, Prêt, Dépôt, Séquestre, 6 vol. in-8, net 45 »

610 — Code d'Instruction criminelle et pénale, in-8, 2 fr., net 1 »

611 **Duvergier de Hauranne.** De l'Ordre légal en France, net 3 »

612 **Duvergier, Dufau et Guadet.** Collection de Constitutions, 5 vol. in-8, *rare*, net 45 »

613 **Eloin, Trébuchet et Labat.** Nouveau dictionnaire de police, 2 vol. in-8, 6 »

614 **Eloy.** De la responsabilité des notaires, sous-presse 2 forts vol. in-8, 16 »

615 **Eloy et Guerrand.** Marine marchande. Des Capitaines, Maîtres et Patrons, 3 vol. in-8, 27 »

616 **Emion.** Jurisprudence et usage du commerce des céréales, 7 fr. 50, net 6 »

617 — Enquête sur le Traité de commerce avec l'Angleterre, Impr. Impériale, 7 vol. in-folio, net 35 »

618 **Eschbach.** Introduction générale à l'étude du droit, 2e édition, in-12, net 2 »

619 — Le même ouvrage, 3e édit., 1856, in-8, 9 fr., net 8 »

620 **Esnault.** Traités des Faillites et Banqueroutes, 1845, 3 vol. in-8, 24 fr., net 15 »

621 Le même ouvrage, d.-rel. 17 »

622 **Estrangin.** Traité du Contrat d'assurances de Pothier, in-8, 8 fr., net 6 »

623 **Étienne.** Traité des actions en droit romain. Traduit de l'allemand de Zimmern, 1 vol. in-8, 6 fr., net 4 »

624 — Trad. des Instit. de Justinien, avec le comment. et le texte, 1847, 2 v. in-8 r., n. 8 »

625 Examens sur le droit romain par demandes et réponses, in-8, 1837, 7 fr., 2 »

626 **Fabre.** Études historiques sur les clercs de la basoche, in-8, d.-rel., net 6 »

627 **Falconnet.** Le Barreau moderne, 2 vol., net 10 »

628 **Faure.** Répertoire administratif des Parquets, 1844, 2 vol in-8, 17 fr., net 12 »

629 — Supplément au même ouvrage, 1 vol in-8, net 8 »

630 Les mêmes, 3 vol. in-8, d.-rel. v., 20 »

631 **Faustin-Hélie.** Traité de l'Instruction criminelle ou Théorie du Code d'instruction criminelle, 1845-60, 9 vol. in-8, br. coupés, très-propres 72 »

632 — Le même ouvrage, belle d.-rel. chagrin. Chaque volume 9 50

633 — Code pénal (voir Chauveau).

634 **Favard de Langlade.** Traité des Privilèges et Hypothèques, in-8, net 2 »

635 — Motifs et Discours prononcés lors de la publication du Code Napoléon, édition revue par Poncelet, 2 v. gr. in-8, 20 fr., net 16 »

636 — Le même, belle d.-rel., net 18 »

637 — Manuel pour l'Ouverture et le Partage des Successions, in-8, 5 fr., net 3 »

638 — Répertoire de la Législation du notariat, 2 vol. in-4, 15 fr., net 4 »

639 — Répertoire de la nouvelle Législation, 5 vol. in-4, reliés, 120 fr., net 20 »

640 **Faverie.** Législation et Jurisprudence, in-8, net 2 50

641 **Favier Coulomb.** De l'Admission au Notariat, in-8, 7 fr., net 4 »

642 **Faye Debris.** Trois Magistrats français du XVIe siècle, in-8, net 2 50

643 **Fenet.** Travaux préparatoires sur le Code civil, 15 vol. in-8, *rare*, net 120 »

644 — Pothier analysé dans ses rapports avec le Code civil, 1826, 1 vol. in-8, d.-rel. (ouvrage très-estimé), net 4 »

645 **Féraud-Giraud.** Jurisprudence de la Cour Impériale d'Aix, et Décisions du tribunal de Marseille, 1857, in-8, *franco* 18 »

646 Police des bois, défrichements et remboisements, 1861, in-8, *franco* 5 »

647 — Droit international, France et Sardaigne, 1850, in-8, *franco* 9 »

649 — Dommages causés à la propriété privée, par les travaux publics, in-8, 7 50

650 — Servitudes de voirie, Paris, 1850, 2 v., *franco* 16 »

651 **Ferrus.** Des Prisonniers, de l'Emprisonnement et des Prisons, in-8, net 4 »

652 **Feuilleret.** École théorique et pratique du Notariat, 1842, 4 v. in-8, 24 f., net 18 »

653 **Filangieri.** Science de la Législation, 3 v. in-8, 24 fr., net 6 »

654 **Flandin.** De la transcription en matière hypothécaire, 2 vol. in-8, *franco* 16 »

655 **Flassan.** Histoire générale et raisonnée de la diplomatie française, 7 vol. in-8, 40 »

656 **Fleurigeon.** Code de Police, 2 vol. in-8, relié en 1 vol., net 3 50

657 **Fleury.** Institutions au droit français, publiées par Laboulaye et Dareste, 1858, 2 v. in-8, brochés. 8 »

658 **Floquet.** Histoire du Parlement de Normandie, 7 vol. in-8, 50 fr., net 18 »

659 **Flotard.** Études sur la théocratie, in-8, 1861, *franco* 5 »

660 **Flottard.** Principes de droit pénal, extrait des œuvres de Nicolas Nicolini, in-8, 1861, *franco*   6 »

661 **Fœlix.** Traité du droit international privé, 1843, 1 vol. in-8, net   3 »

662 — Commentaire sur la contrainte par corps, net   1 50

663 **Félix et Demangeat.** Traité du droit international privé, 3e édit., 2 vol. in-8, 15 f., net   13 »

664 **Félix et Henrion.** Traité des rentes foncières, 1 vol. in-8, 7 fr., net   3 »

665 **Fons.** Aphorismes du droit, classés suiv. l'ordre des matières des nouveaux Codes, 2e édit., in-12, *rare*   3 »

666 — Les tarifs en matière civile, annotés des frais et dépens devant les juges de paix et les tribunaux, 1 vol. in-8, 6 fr., net   4 »

667 **Formulaire** annoté des actes des Notaires par les Rédacteurs du *Journal des Notaires*, 2 vol. in-8, coupés, net   7 »

668 **Foucard.** Eléments de droit public et administratif, 3 vol. in-8, avec supplément, 24 fr., net   7 »

669 — Le même ouvrage, 4e édit., 1847, 24 fr., net   22 »

670 — Précis du droit public administratif, in-8, net   5 »

671 **Foucher.** Commentaire sur les Justices de paix, in-8, net   4 »

672 — De la Réforme des prisons, in-8,   1 »

673 — Le Code civil de Sardaigne, 2 vol. in-8, net   10 »

674 — Collection des lois civiles et criminelles des Etats modernes, 9 volumes in-8, *très-rare*

    On vend séparément.

675 — Lois de la procédure criminelle et Lois pénales du royaume des Deux-Siciles, in-8, *franco*   7 »

676 — Code pénal d'Autriche, in-8, *tr.-rare.*

677 — Code civil d'Autriche, in-8, *franco*   7 »

678 — Code de procédure de Genève, 1837, in-8, *franco*   7 »

679 — Code de commerce et de procédure commerciale d'Espagne, 1838, in-8, *franco* 7 »

680 — Code de commerce de Hollande, 1839, *franco*   7 »

681 — Code civil de Russie, *tr.-rare.*

682 — Code civil de Sardaigne, 2 v. in-8, *rare.*

683 — Code criminel du Brésil, in-8, *rare,*

684 — Assises de Jérusalem, conférées avec les lois des Francs, les capitulaires, les établissements de St Louis et le droit romain, 1839, 2 vol. in-8, *franco*   20 »

685 **Fouet de Conflans.** Esprit de la Jurisprudence des success., in-8, rel., net 3 »

686 — De la Réforme hypothécaire, 1848, in-8, br., net   3 »

687 **Fougeroux de Campigneulles.** Histoire des duels, 2 vol., net   8 »

688 **Foulan.** Manuel des Justices de Paix, édit. revue par Levasseur, 2 vol., in-8.   7 »

689 **Fournel.** Histoire des Avocats, 2 v. in-8, net   7 »

690 — Traité du Voisinage, 4e édit., 2 v., 14 fr., net   7 »

691 — Lois rurales de la France, rangées dans leur ordre naturel, 2 vol. in-12, net 4 »

692 **Frégier.** Paraphrase des Instituts de Justinien, 1 vol. in-8, 9 fr., net   4 50

693 **Frégier (A.).** Histoire de l'Administration de la ville de Paris, 2 vol. in-8,   10 »

694 **Frégier.** Des moyens d'améliorer l'institution des conseils de Préfecture, net 1 »

695 **Fremery.** Etudes de droit commercial ou du droit fondé par la coutume universelle des commerçants, 1835, in-8, *fr.-rare* 15 »

696 — Des opérations de Bourse, in-8.   2 50

697 **Fréminville.** Procédure criminelle devant le Jury, in-8, 14 fr., net   13 »

698 — Traité de minorité et tutelle, 2 vol. in-8, 15 fr., net   10 »

699 — Organisation et compétence des Cours d'appel, in-8, net   12 »

700 **Frémy de Ligneville.** Dictionnaire général des Actes sous seing privé, 2 vol. in-8, net   9 »

701 — Traité de la Législation des bâtiments et constructions, 2 vol. in-8, 16 fr., net 14 »

702 **Fresquet (R. de).** Traité élémentaire du Droit romain, 2 vol. in-8, net   13 »

703 **Frignet.** Traité des avaries communes et particulières, 2 vol. in-8, 1849, *franco* 16 »

704 **Fritot.** Science du Publiciste, 11 v. in-8, d.-rel., net   15 »

705 — Esprit du droit, in-8, net   2 50

706 **Gabriel.** Essai sur la nature des preuves, revu par Solon, in-8, *franco*   5 »

707 **Gaguereaux.** Code forestier, 2 vol. in-8, 10 fr., net   4 »

708 — Commentaire sur la loi du 25 ventôse an xii (16 mars 1803), sur le Notariat, 1834, 2 vol. in-8, *rare*, 15 fr., net   10 »

709 **Gall.** Institutionum Commentarii quatuor Gœschenii, in-8, net   3 »

710 **Gaillard.** Manuel alphabétique des Notaires et des aspirants au Notariat, 1844, in-8, 7 fr., net   5 50

711 **Galisset.** Corpus Juris Civilis Academicum, relié, 30 fr., net   16 »

712 — Corps du droit français, 1789 à 1862, avec une table analytique des matières, etc., 22 vol. grand in-8, d.-rel. propre, 130 fr., net   70 »

713 — Même ouvrage, jusqu'en 1844 compris, net   40 »

    Nota. Les recueils de Dalloz et du Journal du Palais, ayant publié les lois depuis cette époque, peuvent servir de complément.

714 **Galisset et Mignon.** Traité des Vices rédhibitoires, 1842, 6 fr., net   2 »

715 **Galouzeau de Villepin.** Commentaire sur la vente des Marchandises neuves, 1 v. in-18, 3 fr., net   » 75

716 **Gand.** Traité de l'Expropriation pour cause d'utilité publique, 7 fr., net   4 »

717 **Gandillot et Boilleux.** Manuel du droit administratif, 1839, in-8, 6 fr., net   3 »

718 **Gardon.** Histoire générale des traités de paix, 14 v. in-8. Chaque vol. *franco* 7 50

719 **Garnier.** Tenue des livres des notaires, in-8, 8 fr., net   4 »

720 **Garnier (X).** Traité des Chemins, 1834, in-8, net   4 »

721 — Régime ou Traité des rivières et cours d'eau de toute espèce, 5 v. in-8, net 20 »

722 — Jurisprudence de la Cour d'Appel de Nancy, 1848, in-8, br., net   5 »

723 **Garnier.** Répertoire général ou Dictionnaire des droits d'enregistrement, 3 vol.

in-4, avec l'abonnement d'une année au Bulletin de l'Enregistrement, net   37 »
724 **Garrel.** Droit et législation des armées de terre et de mer, in-8, *franco*   6 »
725 **Gaschon.** Code diplomatique des Aubains, *rare*   8 »
726 **Gasse.** Manuel des Juges de commerce, 1 vol. in-8; 7 fr. 50, net   5 »
727 — Jurisprudence commerciale, 1851, in-8, 6 fr. 50, net   4 »
728 **Gastambide.** Traité de la contrefaçon, in-8, 6 fr., net   4 »
729 **Gastambide.** Historique et théorie de la propriété des auteurs, in-8, *franco*   3 50
730 **Gaudry.** Traité du domaine, 1862, 3 vol., in-8, *franco*   22 »
731 — Traité de la législation des cultes, 3 vol. in-8, broché   12 »
732 **Gauthier.** De la subrogation des personnes, 1853, in-8º, *franco*   9 »
733 — Etude de jurisprudence commerciale, in-8, 7 fr., net   2 50
734 **Gazette** des tribunaux. Collection complète, depuis l'origine, 1825, jusqu'au 1er janvier 1862 avec toutes les tables, demi-rel., net   600 »
     Grand nombre d'années séparées.
735 **Genty.** Traité des partages d'ascendants, 5 fr., net   4 »
736 — Droits d'usufruit, d'usage et d'habitation, in-8, 6 fr., net   5 »
737 **Geoffroy.** Code pratique des Faillites, in-8.
738 **Gérard de Rayneval.** Institution du droit de la nature et des gens, 1851, 2 vol. in-8, net   12 »
739 — De la liberté des mers, 2 vol. in-8. 10 »
740 **Gervaise.** Traité de l'Administration des Contributions dir., 1847, in-8, net   3 »
741 **Ghillany.** Manuel diplomatique, 1857, 2 vol. in-8, *franco*   20 »
742 **Gibelin (E.).** Etudes sur le droit civil des Indous, t. 1er, in-8, d.-rel.   4 »
743 **Gilbert.** Les Codes annotés de Sirey, revus et corrigés, 3 vol., 45 fr., net 40. »
744 — Les mêmes, belle d.-rel. ch., net 47 50
     Chaque Code se vend séparément.
745 — Code civil, 1 vol. in-4, 1847, br. ou rel., net   12 »
746 **Gillet.** Analyse chronologique des Circulaires du Ministère de l'intérieur.   3 »
747 **Gillet et Demolly.** Analyse des circulaires du Ministère de la justice, 1791 à 1838, 1 fort vol. in-8, *franco*   11 »
748 **Gillon et de Villepin.** Nouveau Code des Chasses, in-12.   2 50
749 **Gillotte.** Traité du droit Musulman, 2e éd. 1860, 1 vol. in-8, *franco*   5 »
750 **Gin.** Analyse raisonnée du droit français, 6 vol. in-8, 25 fr., net   7 50
851 **Ginouillac.** Histoire du Régime dotal et de la Communauté, in-8, 7 fr., net   3 50
752 **Girard.** Manuel des Contributions indirectes, 1836, in-8, net   4 »
753 — Tableaux des Contraventions et des Peines, in-8, net   3 »
754 **Giraud.** Histoire du droit romain ou introduction à l'Etude de cette législation. 7 fr. 50, net   6 »
755 — Des Nexi, ou de la Condition des débiteurs chez les Romains, grand in-8, 4 fr., net   3 »

756 — Essai historique sur l'abbaye de Saint-Bernard et sur la ville de Romans (Lyon), 1856, 2 vol. in-8, gr. papier, net   12 »
757 — Tables de Salpensa et de Malaga.   1 50
758 — Notice sur la vie de Fabrot, net   1 50
759 — Histoire du droit Français au moyen âge, 2 vol. in-8.   15 »
760 **Giraudeau.** Commentaire sur les justices de Paix, 1838, in-8, net   2 »
761 **Girod et Clariond.** Jurisprudence commerciale, décisions rendues par le Tribunal de commerce de Marseille et la Cour impériale d'Aix, 1820 à 1862, 42 vol. in-8, d.-rel. ch., net   250 »
762 **Gisquet.** Mémoires de Gisquet, ancien Préfet de police, écrits par lui-même, 4 vol. in-8, net   10 »
763 **Godard de Saponay.** Manuel de la Cour de cassation, in-8, *rare*   5 »
764 **Goguet.** De l'Origine des lois, des arts et sciences, 3 vol., 18 fr., net   6 »
765 **Gorgias.** Eloquence et improvisation, art de la parole oratoire, in-8, 6 fr.,   5 »
766 — Le même ouvrage, d.-rel., net   6 »
     Gothofredi. Voy. *Corpus.*
767 **Gombeau de la Billennerie.** Traité de l'Arbitrage, 2 vol. in-8, net   3 »
768 **Gourgeon.** Cours de droit public, tom. 1, seul paru, 8 fr., net   4 50
769 **Gouget et Merger.** Dictionnaire de droit commercial, 1852, 4 vol. in-8, *tr.-rare*,   50 »
770 — Le même, 1re édit., 1845-46, 4 vol. 30 »
771 **Gragnon-Lacoste.** Manuel de Généalogie ou manière de calculer les degrés de parenté dans les partages des successions, in-8, 5 fr., net   2 »
772 **Grandvaux.** Code pratique des chemins vicinaux, 1857, 2 vol., *franco*   8 »
773 — Législation des transports par terre et par eau, 1855, in-8, *franco*   8 »
774 — Manuel de la Police du roulage et des voitures publiques, in-8, *franco*   2 »
775 **Grattier.** Code d'Instruction criminelle et pénale, in-8, 9 fr., net   1 50
776 — Commentaire sur les Lois de la Presse et des autres moyens de la publicité, 2 vol. in-8, *rare*   15 »
777 **Grellet-Dumazeau.** Traité de la diffamation, de l'injure et de l'outrage, 2 v. in-8, 15 fr., net   13 »
778 — Le Barreau romain, recherches et études sur le barreau de Rome, 1858, *franco* 7 50
779 **Grenier.** Traité des donations et testaments, éd. augmentée par Bayle-Mouillard, 4 vol. in-8, 36 fr., net   26 »
780 — Traité des donations et testaments, 1826, d.-rel., 2 vol. in-4, net   5 »
781 — Traité des Hypothèques, 1829, 2 vol. in-4, d.-rel., net   12 »
782 **Grosse.** Commentaire sur la Loi de la transcription, 1858-59, 2 vol. in-8.   10 »
783 — Et **Rameau.** Commentaire ou explication de la loi sur les ordres, 2 vol. in-8.
784 **Grotius (Hugues).** Le droit de la guerre et de la paix, traduit par Barbeyrac; Amsterdam, 1724, 2 vol. in-4, d.-rel., net 6 »
785 **Grün.** Eléments du droit français, 1838, in-18, d.-rel., 5 fr. 50, net   2 »
786 **Grün et Jollat.** Traité des Assurances terrestres, in-8, *rare*   8 »

787 **Guérard.** Essai sur l'Histoire du droit privé des Romains, in-8, *tr.-rare* 12 »
788 **Guichard.** Jurisprudence hypothécaire, 4 vol., 10 fr., net 5 »
789 **Guichard et Dubochet.** Manuel du Jury, 1828, in-8, 6 fr., net 2 50
790 **Guilhon.** Traité de la police du roulage, 1857-58, in-8, et supplément, *franco* 8 »
791 — Traité des règlements et des arrêts administratifs, 1859 in-8, *franco* 4 »
792 **Guilbon.** Traité des donations entre-vifs, 3 vol. in-8, 10 fr., net 5 »
793 **Guizot.** De la peine de mort en matière politique, 1828, in-8, *rare*, net 10 »
794 **Guyétant.** Traité de l'affouage, 1854, 1 v. 7 fr., net 6 »
795 **Hans.** Administration de la France, 2 vol. 1861, *franco* 25 »
796 **Manin.** Les Conséquences des Condamnations pénales, 1848, in-8 6 fr., 2 25
797 **Hautefeuille.** Législation des Juges marins, 1 fort vol. in-8, 1860, *franco* 8 »
798 — Histoire des origines, des progrès, des variations du droit maritime, in-8, 7 fr. 50, net 6 50
799 — Législation criminelle maritime, in-8, net 6 »
800 — Des droits et des devoirs des Nations neutres en temps de guerre maritime, 3 v. in-8, 22 fr. 50, net 20 »
801 — Code de la pêche maritime, in-8, 6 »
802 — Traité de Procédure civile et commerciale, 1812, in-4, d.-rel., net 3 »
803 **Hauthuille.** De la révision du système hypothécaire, 1843, in-8, 3 fr., 2 »
804 **Hauterive** (d'). Recueil des Traités de Commerce et de Navigation de la France avec les Puissances étrangères, 10 vol. in-8, 75 fr., net 30 »
805 **Heffter.** Le Droit international public de l'Europe, *franco* 12 50
806 **Heineccius.** Recitationes in elementa juris civilis, Ed. Dupin, 2 vol. in-8, net 4 50
807 — Eléments de droit civil romain selon l'ordre des Institutes de Justinien, traduits par Berthelot, 4 v. in-12, net 4 »
808 **Hello.** Régime constitutionnel, 2 vol., *rare* 12 »
809 **Hennequin.** Traité de législation, 2 vol. in-8, 16 fr., net 4 »
810 **Hennequin (V.).** Introduction historique à l'étude de la législation française, 2 vol. in-8, 14 fr., net 3 »
811 **Henrion.** Code ecclésiastique français, 2 vol. in-8, 12 fr., net 6 »
812 **Henrion de Pensay.** OEuvres judiciaires contenant les Justices de Paix, Pouvoir municipal, Biens communaux, Autorité judiciaire, 1 fort vol. gr. in-8, 15 fr. net 5 »
813 **Henriot.** Les poètes juristes ou remarques sur les poètes latins, in-8, *franco* 4 50
814 **Herman.** Traité d'administration départementale, 1855, 2 vol. in-8, 12 fr. 9 »
815 **Herman (E.).** Traité de la voirie vicinale, 1854, in-8, 8 fr. 50, net 5 »
816 **Herson.** Expropriation pour cause d'utilité publique, d.-rel., 7 fr. 50, net 4 50
817 **Hervieu.** Résumé de Jurisprudence sur les privilèges et hypothèques, 2e édit. 1846, in-4, net 4 »

818 — Le même ouvrage, 3e édit., 1859, 2 vol. in-4, 24 fr., net 14 »
819 **Hilpert.** Le Messagiste ou Traité théorique, pratique et législatif de la Messagerie, 1840, in-8 br., 5 fr., net 3 »
820 — Histoire du Barreau de Paris dans le cours de la Révolution, suivi des lois et usages du barreau de Paris, 1810, in-8, rel., net 2 50
821 **Hiver.** Histoire critique des Institutions judiciaires en France, in-8, net 3 »
822 **Hœchster et Sacré.** Manuel du droit commercial français et étranger, 1 vol. d.-rel. ch. noir, 8 fr., net 4 »
823 **Hoffman, Hauterive et Cussy.** Recueil des Traités de Commerce et de Navigation depuis 1648 jusqu'en 1844, 10 forts vol. in-8, net 30 »
824 **Horson.** Questions sur le Code de commerce, 2 vol. in-8, *rare*, net 8 »
825 **Hospital (Michel de).** OEuvres complètes, 5 vol. in-8, reliés 20 »
826 **Houyvet.** Traité de l'ordre entre créanciers, 1859, in-8, 8 fr., net 7 »
827 **Hugo.** Histoire du droit romain, 2 vol. in-8, net 8 »
828 **Hulot, Tissot,** etc. Corps de droit des lois romaines, 17 vol. in-4, d.-rel., 200 »
Chaque partie se vend séparément.
829 — Les 50 Livres du Digeste, traduits en français, 7 vol. in-4, rel., net 30 »
830 **Husson.** Législation des Travaux publics et de la voirie en France, 2 v. net 7 »
831 **Hutteau d'Origny.** De l'Etat civil et des améliorations dont il est susceptible, 1823, in-8, d.-rel., 8 fr., net 3 »
832 **Isambert.** Histoire de Justinien, 2 vol. in-8, 12 fr., net 9 »
833 — Manuel du Publiciste, 4 vol., net 5 »
834 **Isambert, Decrusy, Jourdan et Taillandier.** Recueil général des anciennes Lois françaises, 420 à 1789, 30 vol. in-8 br., 110 fr., net 55 »
835 — Le même, belle d.-rel. chag. 90 »
836 — Le même, d.-rel. basane 80 »
837 **Instruction** publique. Recueil de Lois et Règlements, de 1598 à 1828, 9 vol. in-8, veau, net 15 »
838 **Jacquot.** Codes de la Législation forestière, in-18 1 25
839 **Jacob.** Commentaire sur les Saisies immobilières, 1842, 2 vol. in-8, net 5 »
840 **Jacques de Valserres et Macarel.** Manuel du droit rural, 1846, in-8, net 3 50
841 **Jannant.** Guide de l'inventeur et du fabricant, 1859, in-8, *franco* 2 50
842 **Jay.** Traité des Conseils de famille, 1846, in-8, 6 fr. 50, net 5 »
843 — Traité des Scellés, etc., 2e édit., 1854, in-8, 6 fr., net 4 »
844 — Guide des Huissiers en matière civile, etc., in-8, 5 fr., net 4 »
845 **Joccotton.** Des Actions civiles, in-8, d.-r., net 4 »
846 **Johanny-Pharaon et Duleau.** Etudes sur les Législations anciennes et modernes (droit musulman), 1849, in-8, *rare*, net 15 »
847 **Jolfet.** Répertoire de l'Enregistrement et de la Manutention sur un plan nouveau, ou Résumé par ordre méthodique des lois, jugements, etc., 1847, in-4, 12 fr., net 3 »

818 **Josseau**, Traité du Crédit foncier, 1853, in-8, rel., net 5 »
849 — Des institutions du Crédit foncier et agricole, 1851, in-8, 8 fr., net 4 »
850 **Jouffroy**, Cours de droit naturel, 2 vol. in-8 12 »
851 — Le même ouvrage, 3e éd., 2 vol. in-12, 7 fr., net 6 »
852 **Journal** des Avoués depuis l'origine jusqu'en 1862, 87 v. in-8 br. 130 »
853 — Le même ouvrage, d.-rel. 150 »
854 **Journal** des Economistes, de 1841 à 1862, 69 vol. grand in-8.
855 — Années et numéros séparés.
856 **Journal** des Huissiers depuis l'origine jusques y compris, 1862, 42 vol. 70 »
857 **Journal** de Procédure civile, par Bioche, depuis 1835 jusqu'en 1862, 27 vol. in-8, 140 fr., net 60 »
858 **Journal** des arrêts de la Cour Impériale de Bordeaux, 1848 à 1859, inclus, d.-rel., basane propre, 12 vol. in-8, plus les 8 premiers numéros de 1860 25 »
859 **Journal** des Notaires et des Avocats, 1808 à 1862, 87 vol. in-8, br., 200 fr., net 100 »
860 — Le même ouvrage, d.-rel. très-propre, net 120 »
  Ouvrage indispensable aux Notaires et dont le prix est très-modique.
  Années diverses séparément.
861 **Journal du Palais**, depuis l'origine jusqu'à 1862, 74 v. gr. in-8 br., 500 fr., net 200 »
862 — Le même ouvrage, belle d.-rel., chag. noir, net 300 »
863 — Le même ouvrage, bonne d.-rel. bas., net 275 »
  Grand nombre d'années séparées à prix différents.
864 **Répertoire** général contenant la jurisprudence de 1791 à 1847, 12 vol. gr. in-8 ou in-4, br., 130 fr., net 60 »
865 — Le même, d.-rel. très-propre, net 80 »
  Il vient de paraître un supplément à cet ouvrage contenant la jurisprudence jusqu'au 1er janvier 1857, dont le prix est de 40 fr. rendu *franco*.
866 **Jurisprudence** administrative, an VIII à 1862, 17 vol., 65 fr., net 35 »
867 — Lois annotées, 1845 à 1862, compris, 18 vol., net 25 »
868 **Journal** du Droit criminel, par Morin 1829 à 1862, 34 vol. in-8, d.-rel., chagrin, *rare*, net 120 »
869 — Le même ouvrage, br., net 100 »
870 **Jousse**. Commentaire sur l'Ordonnance de Commerce, suivi du contrat de change, par Dupuis de la Serra, in-8 2 »
871 **Jousselin**. Traité des Servitudes d'utilité publique, 2 vol. in-8, 15 fr., net 9 »
872 **Jurisprudence** administrative. Voyez *Journal du Palais*, Macarel, Roche et Lebon.
873 — Jurisprudence commerciale de Marseille. Voyez Girod.
874 **Jurisprudence** XIXe siècle, ou table générale du Recueil des arrêts de Devilleneuve et Carette, de 1789 à 1840, 2 vol. in-4, net 6 »
875 — Les mêmes tables, de 1789 à 1850, 4 vol., net 60 »

876 — Tables décennales, 1851 à 1860, 1 vol. in-4 25 »
877 **Klimrath**, Travaux sur l'histoire du droit français, 2 vol. in-8, net 15 »
878 — Etude sur les coutumes, in-8, 5 fr., 4 »
879 — Mémoire sur les Olim, broch. in-8, 1 »
880 **Kluber**, Droit des Gens moderne de l'Europe, édit. rev. par Ott, in-8, 1861, *franco* 7 50
881 — Le même in-18, *franco* 4 50
882 **Krug-basse**, L'office de juge en matière civile à l'usage des magistrats, 1862, in-8, *franco* 6 50
883 **Laboulaye**, Essai sur les lois criminelles des Romains, 1845, in-8, 8 »
  — Histoire du droit de propriété foncière en Occident, in-8, *tr.-rare*, net 20 »
  — Recherches sur la Condition des femmes, in-8, *tr.-rare*, net 20 »
  — Histoire de la Procédure civile chez les Romains, in-8, *épuisé* 5 »
884 — Etudes sur la propriété littéraire en France et en Angleterre, in-8, *franco* 3 »
885 — Et **Guiffrey**. La propriété littéraire au XVIIIe siècle, très-fort in-8, *franco* 10 »
886 **Lacan** et **Paulmier**, Législation des théâtres, 2 vol. in-8, 15 fr., net 12 »
887 **Lacretelle**, Eloquence judiciaire, 3 vol. in-8, net 8 »
888 **Laforgue**. Code voiturin, in-8 3 »
889 **Laferrière**. Histoire du droit civil de Rome et du droit français, 6 vol. in-8, d.-rel. veau, net 50 »
  On vend séparément les tomes V et VI 2 vol. in-8 20 »
890 — Histoire du droit civil français, 1838, 2 v. in-8, net 4 »
891 — Cours de droit public administratif, 4e édit., 2 vol. in-8, d.-rel., net 15 »
892 — Histoire des Institutions pendant la Révolution, in-12, net 2 »
893 **Lafond**. Guide de l'assureur et de l'assuré, in-8, 8 fr. 50, net 5 »
894 **Lafont de Ladébat**, Recueil et principes de droit administratif, in-8 4 »
895 **Laget de Podio**. Traité sur les Assurances maritimes, 2 v. in-8, net 14 »
896 **Le Parfait Capitaine** ou Guide des négociants, armateurs, 1834, in-8, *franco* 8 »
897 **Laget-Valdeson** et **L. Laget**. Théorie du Code pénal espagnol comparée avec la législation française, 1 vol. gr. in-8, 1860, *franco* 6 50
898 **Lahaye**, **Waldeck-Rousseau**. Le Code civil annoté des opinions de tous les auteurs qui ont écrit sur notre droit, in-4, 28 fr., net 6 »
899 **Lainé**. Commentaire analytique sur les faillites et banqueroutes, 1839, in-8, net 4 »
900 **Lalaure** et **Paillet**. Traité des servitudes réelles, 1828, 12 fr., net 4 »
901 **Lalou**, Manuel réglementaire et pratique de la navigation intérieure, 1858, in-8 coupé, 8 fr. 50, net 4 50
902 **Lalouette**. Eléments de l'Administration pratique, 1 vol. in-4. d.-rel., net 4 »
903 **Lamé Fleury**. Code annoté des chemins de fer, 1 vol. in-8, *franco* 15 »
904 **Lanjuinais**. OEuvres, 4 vol., net 8 »
905 — Constitution de la nation française, 2 v. in-8, net 7 »

906 **Lanoé.** Code des Maîtres de Postes, 2 v. in-8, 12 fr., net   7 »
907 **Larombière.** Théorie et pratique des Obligations, 5 vol. in-8 coupés, net   35 »
908 **Laroque-Sayssinel.** Des faillites et banqueroutes, 2 vol. in-8, *franco*   14 »
909 **Latruffe.** Du droit des communes sur les biens communaux, 2 vol. in-8, net   6 »
910 **Laugier et Duruy.** Pandectes pharmaceutiques, 1 vol. in-8, net   3 50
911 **Laurent.** Histoire du droit des gens et des relations internationales, 3 vol. in-8, *franco*   24 »
912 **Lauth.** Quotité disponible, 1862, in-8, *franco*   3 »
913 **Lavenas et Marie.** Code et manuel des Huissiers, 1833, 2 vol. in-8, 15 fr., net 5 »
914 **Laya.** Droit anglais, 2 vol. in-8, d.-rel., 15 fr., net   10 »
915 **Lebaron.** Le Code des étrangers ou recueil des Lois de la jurisprudence anglaise, 1849, in-8, *franco*   12 »
916 **Lebeau.** Code des prises maritimes, an vii, 4 vol. in-8, ou 3 vol. in-4,   12 »
917 — Code des bris et naufrages, in-8, d.-rel., 7 fr. 50, net   4 50
918 **Lecerf.** Tableau général de la Législation française, in-8, 7 fr. 50, net   2 »
919 **Lechevallier** (Jules). Rapport sur les questions coloniales, 1843, 2 forts vol. in-folio, carton, net   20 »
920 **Ledru.** Clef du Notariat, 1835,   4 »
921 **Ledru-Rollin.** Jurisprudence administrative en matière contentieuse de l'an vii à 1862, 17 vol. gr. in-8, 65 fr., net   35 »
   (Voyez Journal du Palais.)
922 **Legat.** Code des Etrangers, 1 vol. in-8, net   2 »
923 **Legentil.** Traité des Portions communales, 1854, in-8, 8 fr., net   5 50
Id. — Dissertations juridiques, 2 vol. in-8, 15 f., net   12 »
924 **Leglize.** Répertoire de Législation des Huissiers, 5 vol. in-8, net   15 »
925 **Legraverend.** Traité de la Législation criminelle, 2 v. in-4, 30 fr., net   10 »
926 — Des Lacunes et des besoins de la législation française, 1824, 2 vol. in-8, 8 fr., net   3 »
927 **Lehir.** Des armateurs et des propriétaires de navires, 1844, in-18, *franco*   3 50
928 — Commentaire sur les ventes publiques volontaires, 1850, in-8, net   1 »
929 **Lemarquière.** Droit, Procédure et Jurisprudence administrative, in-8, net   2 50
930 **Lemonnier.** Commentaire sur les principales polices d'assurances maritimes usitées en France, 1843, 2 v. in-8, 15 f., net 12 »
931 **Lepasquier.** Législation de la vaine pâture, 1834, in-8, *rare*, net   3 »
932 **Lepec.** Bulletin annoté des Lois, 1789 à 1862 inclusivement, avec tables, en tout 50 vol. in-8, 200 fr., net   80 »
933 — Le même ouvrage, bonne d.-rel., 1862, compris, net   90 »
   (Collection bien complète par ordre chronologique.) (Années séparées).
934 — Le même ouvrage, 1789 à 1844, avec tables, 36 vol. in-8, net   50 »
935 **Lepelletier** (de la Sarthe). Du système social, 2 vol. grand in-8, net   9 »

936 — Système pénitentiaire, in-8, 8 fr., net 5 »
937 **Léopold.** Formulaire de tous les actes sous seing privé, 17e édit., 1 vol. in-12, *franco*   3 »
938 **Lequien.** Du Libre Echange et des Prohibitions douanières, 1856, in-8, net   3 »
939 **Lerat de Magnitot et Huard Delamarre.** Dictionnaire de droit public et administratif, 2 vol. gr. in-8, 20 fr., net 7 50
940 **Lerminier.** Introduction générale à l'étude du droit, in-8, 8 fr., net   4 »
941 — Philosophie du Droit, nouvelle édit., 1 v. in-12, 6 fr., net   5 50
942 — Cours d'Histoire des législations comparées, in-8, *rare*,   4 »
943 — Histoire des législateurs et des Constitutions de la Grèce antique, 1852, 2 vol. in-8, *franco*   10 »
944 **Lesellier.** Traité du Droit criminel, 1844, 6 vol. in-8, 42 fr., net   28 »
945 **Lesenne.** Brevets d'invention et droits d'auteurs, 1846, in-8, 6 fr., net   2 50
946 — Code des Brevets d'invention, dessins et marques de fabrique, in-8, net   3 »
947 — De la Condition civile et politique des Prêtres, in-8, 7 fr., net   4 »
948 **Lestiboudois.** Economie pratique des Nations, in-8, net   3 »
949 **Levasseur** (E). Histoire des classes ouvrières en France, 2 vol. in-8   9 »
950 **Levasseur.** Portion disponible, in-8, net   1 50
951 — Manuel des Juges de paix, 1846, in-8, net   4 »
952 **Levesque.** Faillites et Banqueroutes, 1 v. in-8, 10 fr., net   3 »
953 **Lezardière.** Théorie des lois politiques de la Monarchie française, 1844, 4 vol. in-8, net   12 »
954 **Lherbette.** Philosophie du droit, in-8, net   2 »
955 **Locré.** Législation civile, commerciale et criminelle de la France, 31 vol. in-8, d.-r., net   100 »
956 — Le même ouvrage, 31 vol. in-8, br., très-propre, net   75 »
957 — Esprit du Code de commerce, 1811, 10 v. in-8, rel., net   10 »
958 — Esprit du Code civil, 1807, 7 vol. in-8, rel., net   8 »
959 — Esprit du Code de procédure civile, 1816, 4 vol. in-8, rel., net   7 »
960 — Esprit du Code de commerce, 1829, 4 vol. in-8, br., *rare*, net   20 »
961 — Législation des mines, in-8, *rare*   8 »
962 **Loève-Weimars.** Précis de l'Histoire des tribunaux secrets, 1 vol. in-18, net   1 »
963 **Loir.** De l'Etat civil des nouveaux-nés, in-8, coupé, 9 fr., net   5 »
964 **Loiseau.** Traité des enfants naturels, avec le supplém., 1819, in-8, 8 fr., net   4 »
965 **Loiseau et Verger.** Dictionnaire des Huissiers, 2 vol. in-8, 15 fr., net   7 »
966 **Loisel.** Institutes coutumières, édit. publiée par Dupin et Laboulaye, 2 vol. in-12, 12 fr., net   7 »
967 — Pasquier ou Dialogues des Avocats au Parlement de Paris, in-18, net   1 »
968 **Lonchampt.** Dictionnaire des Justices de paix, avec le supplément jusqu'en 1863, 1 vol. in-8, net   5 50

969 **Formulaire** d'actes à l'usage des juges de paix, in-8, net   2 »

969 *bis.* **Dictionnaire** de procédure à l'usage des huissiers, 1 vol. in-8, net   5 50

969 *ter,* **Formulaire** des huissiers, in-18, 2 »

969 *quater.* — Code de commerce et formulaire d'actes sous seing privé et d'écritures commerciales, in-12, net   3 50

970 **Loreau.** Du Crédit foncier et des moyens de le fonder, in-8, net   3 »

971 **Lorieux.** Traité de la Prérogative royale, 2 vol. in-8, 15 fr., net   6 »

972 **Lubliner.** Concordance entre le Code civil du royaume de Pologne, 1825, et le Code civil français, 1848, in-8, net   3 »

973 **Lucas.** Du Système pénitentiaire en Europe, 3 vol. in-8, 15 fr., net   8 »

974 — De la Réforme des prisons, 3 vol. in-8, 15 fr., net   8 »

975 — Du Système pénal et de la peine de mort, in-8, 8 fr., net   5 »

976 **Luchesi-Pally.** Principes de droit public maritime, 1842, in-8, *rare*   5 »

977 **Macarel.** Tribunaux administratifs, in-8, *épuisé*, net   4 »

978 — Eléments de Droit politique, 1 vol. in-12, net   5 »

979 — Cours de droit administratif fait à la Faculté de droit, 1844-1848, 4 vol., net   10 »

980 — Eléments de Jurisprudence administrative, 2 vol. in-8, net   8 »

981 **Macarel et Boulatignier.** De la fortune publique en France, 3 vol. in-8, br., net 18 fr., ou rel., net   20 »

982 **Macarel, Deloche, Beaucousin et Lebon.** Recueil des Arrêts du Conseil d'Etat, 1821 à 1862, 41 vol. in-8, belle d.-rel., net   400 »

983 — Le même ouvrage, 41 vol. in-8, br. très-propre, net   350 »

(On peut avoir des années séparées.)

984 **Mackeldey.** Manuel du droit romain, in-8, 9 fr., net   5 50

985 **Maffioli.** Projet de loi sur la Cour des comptes, in-8, net   1 50

986 **Magnin.** Traité des Minorités, 1842, 2 v. in-8, 12 fr., net   6 »

987 **Mailher de Chassat.** Traité de Statuts, d'après le droit ancien et le droit moderne, in-8, 8 fr., net   5 »

988 — Commentaire approfondi sur le Code civil, 2 vol. 10 fr., net   4 »

989 **Mairie (la).** Mémorial des fonctionnaires municipaux, 2 vol. in-8, *franco*   15 »

990 **Malapert et Projat.** Code de l'Expropriation pour cause d'utilité publique, 1 v. in-12, net   3 50

991 **Malepeyre et Jourdain.** Traité des Sociétés commerciales, in-8, *rare*   5 »

992 **Mallein.** Considérations sur l'enseignement du droit administratif, in-8, coupé, 6 fr., net   3 50

993 **Malleville.** Analyse raisonnée de la Discussion du Code civil, 4 vol. in-8, rel., 20 f., net   6 »

994 **Malpel.** Traité élémentaire des Successions *ab intestat,* 1 vol. in-8, 9 fr., net 4 »

995 **Mangin.** Traité de l'Action publique, 2 v. in-8, *rare,* net   15 »

996 — De l'instruction écrite, 2 vol. in-8, rel. ou br., 15 fr., net   10 »

997 — Traité des procès-verbaux, 1 vol. in-8, rel. ou br., net   7 »

998 **Manuel** des agents de change, banque, finance et commerce, 1851, in-8, *franco* 6 »

999 **Marbeau.** Traité des transactions, in-8, 5 fr., net   2 »

1000 **Marcadé (V.)** Etudes de Science religieuse, 1847, in-8.   7 »

1001 — Droit civil français, 2e édit., 6 vol. in-8, d.-rel. très-propre, net   36 »

1002 — Le même ouvrage, 5e édit., 1859, 6 v. in-8, 54 fr., net   48 »

(Chaque examen se vend séparément.)

1003 — Traité de la Prescription, in-8.   6 »

1004 **Marcadé.** Droit civil français, 3e édit., 6 vol. in-8, d.-rel. chagrin, net   40 »

1005 — Le même ouvrage, broché, 6 vol. 30 »

1006 **Marcadé et Pont.** Commentaire sur les privilèges et hypothèques, 2 vol. in-8, 18 f., net   16 »

1007 **Marcel de Serres.** Manuel des Cours d'Assises, 3 vol. in-8, *épuisé,*   15 »

1008 **Marc-Dessaux.** Encyclopédie des Huissiers, 1841, 4 vol. in-8, 24 fr., net   8 »

1009 — Le même ouvrage, 2e édit. revue par Billequin et Harel, 6 vol. in-8, coupé, fr.-pr., net   30 »

1010 — Manuel des propriétaires, 1852, in-12, 6 fr., net   5 »

1011 **Marcel.** Du Régime dotal et de la nécessité d'une Réforme, in-8, 2 fr., net   1 »

1012 **Marchand.** Code de la minorité et de la tutelle, in-8, 7 fr., net   3 50

1013 **Marnier.** Conseil de Pierre de Fontaines, 1 vol., 9 fr., net   4 »

1014 — Ancien coutumier inédit de Picardie, in-8, net   4 »

1015 **Marquet-Vasselot.** Ethnographie des prisons, in-8, d.-rel., net   2 »

1016 — Ecole des condamnés, conférences sur la moralité des lois pénales, 2 v. in-8. 5 »

1017 — Examen des diverses théories pénitentiaires, 3 vol. in-8, 18 fr., net   7 50

1018 **Mars (A.)** Corps de droit criminel, 2 vol. in-4, d.-rel., 25 fr., net   6 »

1019 **Martens.** Guide diplomatique, 1837, 3 v. in-8 br., net   10 »

1020 — Précis du droit des gens moderne de l'Europe, 1858, 2 vol. in-8, *franco* 12 »

1021 — Causes célèbres du droit des gens, 2e éd., 5 vol. gr. in-8, *franco*   52 »

1022 **Massabiau.** Manuel du Procureur du roi et du substitut, 2e édit., 3 vol. in-8, 22 fr., 50 c., net   6 »

1023 — Le même, belle d.-rel., net   8 »

1024 — Le même, 3e édit., 3 v. in-8, coupé 24 »

1025 **Martens.** Guide diplomatique, 1852, 2 v. in-8, *franco*   16 »

1026 **Massé.** Le parfait notaire, 6e édit., 1828, vol., net   10 »

1027 **Massé (G.).** Le Droit commercial dans ses rapports avec le droit des gens et le droit civil, 4 v. in-8, coupé, net   24 »

     Voy. *Zachariæ.*

1028 **Massol.** Séparation de corps, in-8. 4 »

1029 **Masson de Longpré.** Code annoté de l'enregistrement, 3e édit., 2 vol. in-8, 18 f., net   10 »

1030 **Matter.** Influence des lois sur les mœurs et des mœurs sur les lois, net   5 »

1031 **Maussier-Marbaud.** Nouveau Code du

propriétaire et du commerçant, contenant les lois sur la chasse, in-8, net 50

1032 **Maynz**, Eléments de droit romain, 2 vol. in-8, 18 fr., net 16 »

1033 **Mazerat**, Questions sur le Code civil avec leurs solutions, suivant l'ordre adopté par M. Demante, in-8, 8 fr. 50 net 3 »

1034 **Meaume**, Des droits d'usage dans les forêts, 1851, 2 vol. in-8, 12 fr., net 9 »

1035 — Commentaire sur le Code forestier, trois tomes en 5 vol. in-8, 40 fr., net 35 »

1036 — Programme du Cours de Législation et de Jurisprudence, in-8, 4 »

1037 **Méjan**, Recueil de causes célèbres, 21 v. in-8, rel., net 45 »
(Voyez St-Edme.)

1038 **Menerville**, Dictionnaire de Législation algérienne. Manuel des lois et ordonnances de 1830 à 1853, 1 vol. grand in-8, 12 »

1039 **Mennesson**, Récompenses sous le régime de la communauté, in-8, net 4 50

1040 **Méplain**, Traité de bail à portion de fruits, 1850, in-8, net 4 »

1041 **Merger**, Des assurances terrestres, 2 vol. in-8, *franco* 10 »

1042 **Merlin**, Répertoire et questions de droit, 5e édit., 27 vol. in-4, d.-rel., compris la table de Rondonneau, très-bel exemplaire, 300 fr., net 200 »

1043 — Le même ouvrage, 27 vol. in-4, brochés très-propre, net 190 »

1044 — Répertoire de jurisprudence, 4e édit., 17 vol.; Questions de droit, 3e édit., 9 v.; les 26 vol. d.-rel., net 90 »

1045 — Répertoire de jurisprudence, 3e édit., 13 vol.; Questions de droit, 2e édit., 6 v., 19 vol., d.-rel. bas., net 30 »

1046 **Meyer**, Esprit, origine et progrès des institutions judiciaires, des principaux pays de l'Europe, 5 v. in-8, *tr.-rare*, net 45 »

1047 **Michaux**, Liquidations et partages de communauté, 2e édit., *franco* 8 »

1048 **Michelet**, Origines du droit français, in-8 br., net 5 »

1049 **Migneret**, Traité de l'allouage dans les biens communaux, in-8, net 5 »

1050 **Mill, Dussart** et **Courcelle-Seneuil**, Principes d'économie politique, 2 v. in-8, 1861-62, *franco* 15 »

1051 **Millet**, Traité du bornage, in-8, d.-rel., net 4 50

1052 **Miltitz**, Manuel des Consuls, 5 vol. in-8 50 »

1053 **Mirabeau**, Œuvres complètes, précédées d'une notice par Merilhou, 9 v. in-8, d.-rel. v., net 36 »

1053 bis. — Discours et opinions, 3 vol. in-8, *rare* 13 »

1054 **Mirabel, Chambaud**, Code des établissements industriels, 2 vol., net 6 »

1055 **Miroir**, Formulaire municipal, 2e édit., 1844-46, 6 vol. in-8. Plus le Répertoire administratif, journal complémentaire, années 1844 à 1848. 35 »

1056 **Miroir**, Des contraventions, les délits et des peines, 2 vol. in-8, 4 »

1057 **Miroir** et **Brissot de Warville**, Traité de la Police municipale, 2 vol. in-8, 9 fr., net 5 »

1058 **Mittermaier**, Traité de la Preuve, traduit par Alexandre, épuisé, net 20 »

1059 **Mollié** et **Labrosse**, La Mairie pratique à l'usage des Maires, net 5 »

1060 **Mollnier**, Traité de droit commercial, tome Ier, seul paru, des actes de commerce, des commerçants, des livres de commerce et des Sociétés, in-8, 9 f. 5 »

1061 **Mollnari**, Questions d'économie politique et de droit public, 2 vol. in-8, *franco* 10 »

1062 **Mollitor**, Cours de droit romain approfondi, des obligations, 3 vol. De la possession, 1 vol. Les 4 v. in-8, *rare*, n. 40 »

1063 **Mollot**, Règles sur la profession d'Avocat, in-8, *fr.-rare*, net 12 »

1064 — Abrégé du même ouvrage, 1 vol. in-18, *rare*, net 3 »

1065 — Bourses de commerce, agents de change et courtiers, in-8, 8 fr., net 2 50

1066 Le même ouvrage, nouvelle édit., 2 vol. in-8, 14 fr., net 12 »

1067 — Compétence de Prud'hommes, 1842, in-8, 7 fr. 50, net 5 »

1068 **Moly (de)**. Traité des absents suivant le Code civil, in-8, 6 fr., net 2 »

1069 **Mongalvy** et **Germain**, Analyse du Code de commerce, 2 vol. in-4, net 5 »

1070 — Traité de l'arbitrage en matière civile et commerciale, 2 vol. in-8, net 4 »

1071 **Moniteur universel**. Depuis l'origine jusqu'en 1859 compris; l'introduction et toutes les tables, de l'origine à 1809, cartonné en vélin; 1810 à 1859, d.-rel. bas., bel exempl., 150 vol. in-fol., net 1500 »

1072 — Années 1846 à 59, avec tables, net 500 »
On peut avoir séparément des années et des numéros séparés.

1073 **Moniteur** (Réimpression de l'ancien), 1789 à 1799, avec l'introduction et les tables, 32 vol. in-4, d.-rel., net 200 »

1074 — Le même ouvrage, broché 180 »

1075 **Moniteur des tribunaux**, 1860, 1861, 1862, 3 vol. in-4, broché 12 »

1076 **Montaigu**, Coup d'œil historique sur la Monarchie française, in-8, net 4 »

1077 **Montesquieu**, Œuvres complètes, édition Dalibon, 8 vol. in-8, d.-rel. 40 »

1078 **Moreau de Montalin**, Analyse des Pandectes de Pothier, 2 v. in-8, 15 f. 8 »

1079 **Moreau**, Code des bois carrés, 2 vol. in-8, d.-rel., 15 fr., net 4 »

1080 **Moreau (Christophe)**, Code des prisons, 1845, in-8, net 4 »

1081 **Moreuil**, Manuel des Agents consulaires français et étrangers, in-8, net 5 »

1082 — Dictionnaires des chancelleries diplomatiques et consulaires, 2 vol. in-8, 1859, *franco* 16 »

1083 **Morin**, Répertoire général de droit criminel, 2 vol. gr. in-8, *rare* 35 »

1084 — De la discipline des Cours et Tribunaux, 1re édit., 2 vol. 3 »

1085 — Le même ouvrage, 2e édit., 2 v. 12 »

1086 — Journal du droit criminel, 1829 à 1862, 34 vol. in-8, d.-rel., *rare*, net 120 »
Le même ouvrage, br., net 100 »

1087 — Dictionnaire de droit criminel, 1 vol. gr. in-8, d.-rel., net 4 »

1088 **Morin (T.)**, Essai sur l'organisation du travail, in-8, 1845, net 3 »

1089 — Essai sur l'esprit de la législation municipale en France, in-8, net 2 »

1090 — **Motifs** du Code civil, Voyez Favard de Langlade, Fenet, Locré et Malleville.

1090 *bis*, **Muhlenbruchii** Doctrina Pandectarum et Delectus legum, 2 vol., net 15 »

1091 **Mourlon**, Répétitions écrites sur le Code Napoléon, 4e édit., 3 vol. in-8, demi-rel., net 25 »

1092 — Le même ouvrage, 6e édit., 1861-62, 3 f. vol. in-8, 36 fr., net 32 »

1093 — Chaque examen se vend sépar. 12 »

1094 — Répétitions sur le troisième examen du Code civil, 1846, in-8, net 3 »

1095 — Répétitions écrites sur le Code de procédure, in-8, 10 fr., net 9 »

1096 — Examen critique et pratique du commentaire de M. Troplong sur les priviléges, 1855, 2 vol. in-8, 14 fr., net 12 »

1097 — Le même ouvrage, rel., net 14 »

1098 — Traité de la subrogation, net 15 »

1099 — Traité théorique et pratique de la transcription, 2 vol. in-8, 1862, *franco* 15 »

1100 **Mourre**, OEuvres judiciaires ou Recueil de Plaidoyers, discours et réquisitoires, 1 vol. in-4, d.-rel., net 3 50

1101 **Nadault de Buffon**, Des usines sur les cours d'eau, 2 vol. in-8, net 12 »

1102 **Naudet**, De l'état des personnes, in-8, 1837, *franco* 10 »

1103 **Negrin**, De l'escroquerie en matière d'assurance maritime, 1857, in-8, *franco* 4 »

1104 Du droit d'appel à 1500 fr., surtout en matière d'assurance maritime, 1860, in-8, *franco* 7 50

1105 **Neven de Rotarle**, Commentaire sur les lois rurales, in-8, 7 fr. 50, net 4 50

1106 **Nicolini**, Droit pénal, 1834, d.-r. 6 »

1107 **Nignon de Berty**, De la liberté individuelle, in-8, 7 fr. 50, net 4 »

1108 **Nion**, Droits civils des auteurs, artistes et inventeurs, in-8, 6 fr., net 2 50

1109 **Noblet**, Traité des droits d'enregistrement, de greffe, d'hypothèque et de timbre, 1 v. in-8, 10 fr., net 3 50

1110 — Du compte-courant, in-8, net 2 »

1111 **Nogent-St-Laurens**, Traité de la Législation des chemins de fer, avec supplément, 2 vol. in-8, *rare* 8 »

1112 **Nougarède**, Lois des familles, 3 »

1113 Lois du mariage et du divorce, in-8, 5 »

1114 Du duel, in-8, net 2 »

1115 **Nouguier**, Des lettres de change et effets de commerce en général, 1844, 2 vol. in-8, 16 fr., net 6 »

1116 Le même ouvrage, 2e édit., 2 vol. in-8, d.-rel., net 13 »

1117 — Des tribunaux de commerce, des commerçants et des actes de commerce, 1845, 3 vol. in-8, coupé, 22 fr. 50 c., net 15 »

1118 — Le même ouvrage, d.-rel., net 18 »

1119 — Principes fondamentaux de la science forestière de Henri Cotta, in-8, 7 fr. 3 »

1120 — Des brevets d'invention et de la contrefaçon, 2e édit., 1858, *franco* 8 »

1121 **Nouguier** (Ch.), La Cour d'assises, Traité pratique, 1re partie, acte d'accusation, etc., 1860, 2 forts vol. in-8, *franco* 18 »

1122 — **Nouveau Manuel** des courtiers de commerce, publié par les soins de la Chambre syndicale près la Bourse de Paris, 1853, net 5 »

1123 **Odier**, Traité du contrat de mariage, 1846, 3 vol. in-9, 21 fr., net 12 »

1124 — Des systèmes hypothécaires, in-12, net 2 »

1125 **Ollivier et Mourlon**, Commentaire sur la saisie immobilière et les ordres, 1 vol. in-8, d.-rel., net 9 »

1126 — **Ordonnances** des rois de France de la troisième race, recueillies par ordre chronologique, par Delaurière, Secousse, Pastoret, Pardessus, Imprim Imp., 1723 à 1847, 23 vol. in-fol. avec les tab. net 600 »

1126 *bis*. —Du même ouvrage, les tomes 1 à 19, rel. en v. *Bel exempl.* 190 »

1127 **Orfila**, Traité de médecine légale, 1847, 4 vol. in-8 et atlas, net 26 »

1128 **Orillard**, Compétence et procédure des tribunaux de commerce, 1844, in-8, n. 4 »

1129 **Ortolan**, Institutes de Justinien, 2 vol. in-8, d.-rel., net 12 »

1130 — Législation pénale comparée, 2 v. in-8, *tr.-rare*, net 12 »

1131 — Histoire de la législation romaine, 1 v. in-8, net 4 »

1132 — Cours public d'histoire du droit politique et constitutionnel, in-8, *tr.-rare*, net 18 »

1133 **Ortolan**, Notice biographique sur M. Dupin, in-8, net 1 50

1134 Eléments de droit pénal, 1 fort vol. in-8, *franco* 12 »

1135 **Ortolan et Ledeau**, Ministère public, 2 vol. in-8, 12 fr., net 7 »

1136 **Ortolan** (Th.), Règles internationales et diplomatie de la mer, 2 vol. in-8, 8 »

1137 **Ott**, Traité d'économie sociale ou d'économie politique, in-8, *franco* 8 »

1138 **Oudin**, Comptabilité des notaires, 1 vol. grand in-4, *franco* 12 »

1139 **Ravinet**, Code des ponts et chaussées, 8 vol. in-8, br., coupé 45 »

1140 **Oudot**, Premiers essais de philosophie du droit, 1846, in-8, 6 fr., net 3 »

1141 — Conscience et science du devoir, 2 vol. in-8, 14 fr., net 12 »

1142 **Paignon**, Commentaire théorique et pratique sur les ventes judiciaires de biens immeubles, 2 vol in-8, *rare*, net 6 »

1143 —Eloquence et improvisation, in-8, net 5 »

1144 — Opérations de banque, in-8, net 4 50

1145 **Paillet**, Manuel du droit français, 1838, 2 forts vol. in-8, 30 fr., net 6 »

1146 — Jurisprudence des successions, 1816, 3 vol. in-8, d.-rel., net 5 »

1147 — Manuel complémentaire des Codes français, contenant les lois antérieures à 1789, 2 vol. in-8, rel. ou br., 15 fr., 10 »

1148 — Le droit français contenant la concordance des articles des Codes, 1850, 1 fort vol. in-8, d.-rel., 15 fr., net 5 »

1149 **Pallerne de la Mandussais**, Manuel de l'aspirant du surnuméraire de l'enregistrement, 1861, in-8, *franco* 4 »

1150 **Parant**, Lois de la presse, 1886, in-1 d.-rel., net 4 »

1151 — Le même, 1834, d.-rel., net 2 »

1152 **Pardessus**, Cours de droit commercia, 5e édit., 6 vol. in-8, 50 fr., net 20 »

1153 — Le même, 6e édit., 4 v. coupés, n. 25 »

1154 — Traité des servitudes, 8e édit., 2 vol, in-8, *rare*, net 15 »

1155 **Pardessus.** Us et coutumes de la mer, 1847, 2 vol. in-4, 25 fr., net — 18 »
1156 — Jurisprudence commerciale, 1811, in-8, 10 fr., net — 5 »
1157 — Traité de la lettre de change, 2 vol. in-8, rare, net — 8 »
1158 — Loi salique, 1 vol. in-4, net — 20 »
1159 — Collection des lois maritimes antérieures au xviii⁰ siècle, 6 vol. in-4. — 120 »
1160 — Organisation judiciaire, 1 vol. in-8, d.-rel. veau, net — 5 »
1161 — Cours de droit commercial, 2e édit., 1862, 5 vol., net — 10 »
1162 **Pasquier.** L'interprétation des Institutes de Justinien, publié par M. Giraud, 1847, in-4, 36 fr., net — 5 »
1163 **Passy.** Leçons d'économie politique recueillies par Berlin et Glaize, 2 vol. in-8, 1862, *franco* — 10 »
1164 **Pastoret.** Histoire de la Législation, 11 v. in-8, 80 fr., net — 50 »
1165 — Lois pénales, 2 vol. in-8, net — 6 »
1166 **Pataille et Heuguet.** Annales de la propriété industrielle, 1855 à 1860, compris 6 vol. in-8 brochés — 22 »
1167 — Code international de la propriété industrielle, etc., in-8, 1855, 5 fr., net 3 50
1168 **Péchard et Cardon.** Formulaire général ou modèles d'actes rédigés sur chaque article du Code de proc. civ., comparé au tarif, 5e édit., 1858, 2 vol. in-8, net 5 »
1169 — Le même ouvrage, d.-rel., net — 7 »
1170 **Pegat.** Code de la presse annoté, divisé par tableaux, 1837, in-3, net — 2 50
1171 **Pellat.** Cours d'introduction générale à l'étude du droit, in-8, 7 fr., net — 5 »
1172 — Texte du droit romain sur la dot, annoté, in-8, 7 fr., net — 5 »
1173 — Précis d'un cours sur l'ensemble du droit privé des Romains, 1840, net — 2 »
1174 — Traité du droit de gage et d'hypothèque chez les Romains, in-8, rare — 5 »
1175 — Manuale juris synopticum, in-12, 4 50
1176 **Pépin-Lehalleur.** Histoire de l'emphytéose, 1844, in-8, 6 fr., net — 4 »
1177 **Perreau.** Éléments de législation naturelle, in-8, *tr.-rare* — 10 »
1178 **Perpigna.** Manuel des inventeurs brevetés, 1 vol. in-8, net — 3 »
1179 **Perreciot.** État civil des personnes et condition des terres, 3 vol., net — 12 »
1180 **Perreve.** Traité des délits et des peines de chasse, 1846, in-8, 6 fr., net — 4 »
1181 — Manuel des Cours d'assises, 1 vol. in-8, d.-rel., 9 fr., net — 6 50
1182 **Perrin.** Code des constructions, in-8, br., net — 5 50
1183 **Perrin.** Traité des nullités en matière civile, in-8, net — 3 »
1184 **Perrin.** Essai sur le travail des greffes, avec supplément, 1 vol. in-4, d.-rel. 30 »
1185 **Persil.** Régime hypothécaire, 4e édit., 2 vol. in-8, d.-rel., net — 5 »
1186 — Questions sur les priviléges et hypothèques, 2 vol. in-8, net — 6 »
1187 **Persil (E.).** Commentaires sur les ventes judiciaires, 1 vol. in-8, 7 fr., net — 4 50
1188 **Persil.** De la lettre de change et du billet à ordre, in-8, broché, net — 4 »
1189 — Traité des Assurances terrestres, in-8, rare, net — 9 »

1190 — Des Sociétés commerciales, net 3 »
1191 **Persil et Croissant.** Des commissionnaires, des achats et ventes, in-8. 3 50
1192 **Petigny.** Études sur l'histoire et les lois mérovingiennes, 3 vol. in-8, net 10 »
1193 **Petit.** Traité complet des droits de chasse, 2 vol. in-8, 1853, 15 fr., net 10 »
1194 — Traité de l'usure, in-8, 5 fr., net 2 50
1195 — Traité des surenchères, in-8, net 4 50
1196 — Droit public, ou gouvernement des colonies françaises, 1771, 2 vol. in-8, reliés, net 4 »
1197 **Petit des Rochettes.** Jurisprudence du Conseil d'État, 2 vol. reliés. 3 »
1198 **Perron.** Précis de Jurisprudence musulmane, par Khalil-ibn-ishat; trad. de l'arabe, 1848-54, 6 vol. grand in-8, 90 fr., net 75 »
1199 **Peyré.** Lois des Francs contenant la loi salique, 1828, in-8, 6 fr., net 3 50
1200 **Peyret-Lallier.** Législation des mines, 2 vol. in-8, *rare* 16 »
1201 **Perrony et Delamare.** Commentaire sur l'expropriation, pour cause d'utilité publique, 1860, in-8. 10 »
1202 **Pezzani.** Traité des empêchements du mariage, 1838, in-8, 6 »
1203 **Phelippes Détronjoly.** Essai historique et philosophique sur l'éloquence judiciaire, 2 vol. in-8., net 5 »
1204 **Phillips.** Droit ecclésiast., trad. de l'allem. par Crouzet, 3 vol. in-12, *franco* 12 »
1205 **Picot.** Manuel pratique du Code Napoléon, in-12, 5 fr., net 2 50
1206 — Traduction-commentaire des Institutes de Justinien, in-8, 7 fr., net 5 »
1207 **Piet et Rogron.** Législation sur les domaines engagés, in-8, 7 fr., net 2 »
1208 **Pigeau.** La procédure civile des tribunaux de France, 2 v. in-4, 15 fr., net 7 »
1209 — Le même ouvrage, d.-rel., net 10 »
1210 **Pinard.** Le barreau, in-8, net 4 »
1211 — L'histoire à l'audience, in-8, net 4 »
1212 **Pinel Grand-Champ.** Immo. Gothofredi, nova editio, 3 vol. in-8, net 4 »
1213 **Pionin.** Code municipal de la ville de Lyon, 1 vol. in-8, 1851, 10 fr., net 4 »
1214 — Dictionnaire de police et théorie sur la constatation des crim., in-8, 7 fr., net 6 »
1215 **Pistoye et Duverdy.** Traité des prises maritimes, 2 vol. in-8. net 12 »
1216 **Plasman.** Code et Traité des absents, 2 vol. in-8, 12 fr., net 6 »
1217 — Des contre-lettres, in-8, net 3 »
1218 **Poirel.** Lois organiques du gouvernement de la France, 1845, in-8, net 2 »
1219 — Projets de Code d'organisation judiciaire, d'inst. crimin. et pénale, in-8, 2 »
1220 **Poncelet.** Histoire des sources du droit romain, 1846, in-12, 2 fr., net 1 50
1221 **Poncet.** Traité des jugements, 2 vol. in-8, 15 fr., net 10 »
1222 — Traité des actions, in-8, 6 fr., net 3 50
1223 **Ponsot.** Traité du cautionnement civil et commercial, 1 vol. in-8, 7 fr., net 6 »
1224 **Pont.** Des subrogations à l'hypothèque légale de la femme, 1857, in-8, *franco* 3 »
— **et Marcadé.** Priviléges et hypothèques, 2 vol. in-8, 18 fr., net 16 »
1225 — **et Rodière.** Traité du contrat de mariage, 2 vol. in-8, 18 fr., net 14 »

1226 **Pothier.** Œuvres complètes, édition Rogron et Firbach, 2 vol. gr. in-8, net 30 »
1227 — Le même ouvrage, d.-rel., net 30 »
1228 — Œuvres complètes, contenant tous ses Traités de droit français, 28 vol. in-12, rel. en basane, net 20 »
1229 — Le même, édition Letrosne, 19 v. in-8, avec deux tables, l'une de concordance, et l'autre des matières, rel. ou br. 40 »
1230 — Le même, édition Bérville, 26 vol. in-8, br., net 35 »
1231 — Même édition, d.-rel., net 50 »
1232 — Edition publiée par M. Dupin, 11 vol. in-8, br. ou rel., net 45 »
1233 — Edit. rev. par M. Bugnet, prof. à la Fac. de droit, 11 vol. in-8, broché, coupé 55 »
1234 — Le même, belle d.-rel. 70 »
1235 — Œuvres, édit. Beaucée, 13 vol. 15 »
(On vend séparément les différents traités de l'édition en 28 vol. in-12.)
1236 — Tables alphabétique et de concordance entre les articles du Code civil et les articles de Pothier qui s'y rapportent, 2 vol. in-8. (Complément indispensable de ses œuvres), 10 fr., net 5 »
1237 — Pandectes de Justinien, Paris, 1818, 5 vol. in-4, brochés, net 20 »
1238 — Pandectes de Justinien, texte latin, Paris, 1748, 3 vol. in-folio, rel., net 17 »
1239 — Pandectes de Justinien, Lyon, 3 vol. in-folio, rel., *édition estimée*, net 30 »
1240 — Pandectes de Justinien, édition Latruffe, 3 vol. in-fol., rel., net 50 »
1241 — Pandectes de Justinien, traduites en français par Bréard Neuville, 26 vol. in-8, compris la table, *rare*, net 00 »
1242 **Potier.** De la contrainte par corps sous le régime républicain, net 1 »
1243 **Portalis.** Discours et travaux inédits sur le Code civil, in-8, 8 fr., net 5 »
1244 — La liberté de conscience, in-8. 6 »
1245 — Discours et travaux inédits sur le concordat de 1801, in-8, net 7 »
1246 **Pouget.** Principes de droit maritime, 1858, 2 vol. in-8, net 14 »
1247 — Dictionnaire des assurances terrestres, 2 vol. grand in-8, net 20 »
1248 — Des droits et des obligations des commissionnaires ou de la commission d'achat et de vente, 4 vol. in-8, net 28 »
1249 — Principes du droit maritime, 2 vol. in-8, net 14 »
1250 — Transport par eau et par terre, 1859, 2 vol. in-8, *franco* 16 »
1251 **Poujol.** Traité des obligations, 1846, 3 v. in-8, 24 fr., net 12 »
1252 — Le même ouvrage, d.-rel., net 15 »
1253 — Traité des successions, 2 vol. 8 »
1254 — Traité des donations entre-vifs et testaments, 1836, 2 vol. in-8, 12 fr., net 8 »
1255 **Pradier-Fodéré.** Précis du droit administratif, 1857, in-12, 3 fr., net 2 50
1256 — Précis de droit com., 3 fr. 50, net 3 »
1257 **Praticien français (le),** 1806, 5 vol. in-8, bas. pleine, net 6 »
1258 **Proudhon.** Œuvres complètes, 17 vol. in-8, épuisé, net 90 »
1259 — Le même ouvrage, d.-rel., net 100 »
On vend séparément :
1260 — Traité de l'usufruit, 2e édit., 8 vol. in-8, *rare*, net 45 »

1261 — Traité de l'usufruit, 1824, 9 vol. in-8, d.-rel., net 18 »
1262 — Traité du domaine de propriété, 3 vol. in-8, net 15 »
1263 — Traité de l'état des personnes, 2. édit., revue par Valette, 2 vol. in-8. 12 »
1264 — Traité du domaine public, 1835, 5 vol. in-8, net 10 »
1265 **Puibusque.** Dictionnaire municipal ou Manuel d'administration, 2 vol. 5 »
1266 **Pujos.** De la législation des Etats pontificaux, 1 vol. in-8, 1856, *franco* 4 »
1267 **Quénault.** Traité des assurances terrestres, in-8, net 5 »
1268 **Quinon.** Jus romanum secundum ordinem im. Justiniani, 2 vol. in-8, net 5 »
1269 **Raimbot.** Etudes sur la législation maritime, 3 vol. in-8, *franco* 22 »
1270 **Raison** (Horace). Hist ire des anciens avocats, 2 vol. in-8, d.-rel., net 5 »
1271 **Rambot.** De la richesse publique en France, 1 vol. in-8, 4 fr., net 1 »
1272 **Rappetti.** Livres de justice et de plet, publié pour la première fois, d'après le Mss. unique de la bibliothèque nationale, 1 vol. in-4, rel. 15 fr., net 10 »
1273 **Rapport** de la Commission d'enquête sur l'insurrection qui a éclaté dans la journée du 23 juin 1848, et sur les événements du 15 mai, 3 vol. in-4, net 7 »
(Ouvrage très-curieux.)
1274 **Rapport** du Jury central sur l'exposition de 1839, 3 vol. in-8, net 5 »
1275 — Le même, exposition de 1844, 3 v. in-8, avec tableaux, net 5 »
1276 **Rapport** sur la marche et les effets du choléra morbus dans Paris, en 1832, 1 vol. in-4, avec carte, net 5 »
1277 **Rauter.** Cours de procédure civile fait à la Faculté de Strasbourg, in-8. 4 50
1278 — Traité théorique et pratique du droit criminel, 2 vol. in-8, 15 fr., net 11 »
1279 — Le même, d.-rel., net 11 »
1280 **Ravinet.** Code des ponts et chaussées, et des mines, 8 vol. in-8, coupé 45 »
1281 **Raynouard.** Histoire du droit municipal, 2 vol. in-8, net 4 »
1282 **Rebel et Juge.** Traité de la législation des chemins de fer, in-8, net 4 »
1283 **Reboul.** Manuel universitaire de l'étudiant en Droit, in-18, 3 fr. 50, net 1 25
1284 **Recueil** des lois et actes de l'instruction publique, 1848 à 1856, 9 vol. in-8, rel. bas., tr.-propre, 15 »
1285 **Regnault.** Législation des brevets d'invention, in-8, d.-rel., net 3 »
1286 **Renard.** Recueil des lois municipales avec commentaires, 9 fr., net 2 »
1287 **Rendu.** Traité pratique du droit industriel et des brevets d'invention, in-8. 6 »
1288 — Traité pratique des marques de fabrique et de commerce, in-8, net 5 »
1289 **Renouard.** Traité des faillites et banqueroutes, 1842, 2 vol. in-8, net 7 »
Le même ouvrage, demi-rel. 7 »
1290 — Des brevets d'invention, net 5 »
1291 — Traité des droits d'auteurs dans la littérature, les sciences et les beaux-arts, 2 v. in-8, 15 fr., net 9 »
1292 — Du droit industriel dans ses rapports avec le droit civil, 1860, in-8, *franco* 7 50

1293 **Répertoire** général de jurisprudence, publié par le Journal du Palais, 12 v. gr. in-8, ou in-4, br., net 60 »

1294 — Le même, d.-rel., net 80 »

1295 — Supplément au même ouvrage, 2 vol. in-8 ou in-4, *franco*, net 10 »

1296 Le même ouvrage, 15 vol. gr. in-8, belle d.-rel. chagrin, net 135 »

1297 Le même, format, in-4, Les 15 vol. reliés en 8 vol. d.-rel. chagr., net 120 »

1298 **Reverchon.** Des autorisations de plaider, 1841, in-8, d.-rel., 8 fr., net 3 »

1299 **Revue** critique de législation et de jurisprudence, par MM. Demolombe. V. Marcadé, Paul Pont, Wolowski, etc., 1851-1862, 23 v., belle d.-rel. chagr., n. 110 »

1300 — Le même ouvrage, br., coupé, très-propre, net 90 »

1301 **Revue** de législation de jurisprudence, publiée sous la direction de MM. Wolowski, Troplong, Giraud, etc., 1833 à 1853, 46 v., avec la table, net 120 »

(Années séparées de cette revue.)

1302 **Revue** du droit français et étranger, publiée par MM. Fœlix, Duvergier, Valette. etc., 1844 à 1849, 6 gros vol., net 30 »

1303 **Revue** étrangère et française de législation et de jurisprudence, publiée par MM. Fœlix, Valette, Duvergier, etc., 1833-1850, 17 vol., net 140 »

(Très-rare; exemplaire en parfait état.)

1304 **Revue** historique du droit français et étranger, par Laboulaye, Dérozière, etc., 1856 à 1862 50 »

1305 **Revue** pratique de droit français, publiée par Mourlon, Ollivier, Demangeat, etc., 1856 à 1862, 14 vol. in-8, brochés, coupés, net 60 »

1306 — Le même ouvrage, d.-rel. 70 »

1307 **Rey** (P.) De la propriété des mines, 2 v. in-8, net 12 »

1308 **Reynaud,** Traité de la Péremption d'instance en matière civile, in-8, net 4 »

1309 **Richard.** Cours de législation et d'administration militaire, 2 vol. in-8, *franco* 16 »

1310 **Richard.** Législation des mines, 2 vol. in-8, d.-rel., 15 fr., net 12 »

1311 **Richefort.** Traité de l'état des familles légitimes et naturelles, 3 vol. in-8. 18 »

1312 **Rieff.** Commentaire sur la loi des actes de l'état civil, in-8, 8 fr., net 6 »

1313 **Rittiez.** Science des droits, in-8, 2 50

1314 **Rive.** De la propriété des cours d'eau, in-8, net 2 »

1315 **Rivière.** Revue doctrinale de la Cour de cassation, 1862, in-8, *franco* 10 »

1316 — Répétitions sur le Code de commerce, in-8, 1853, 8 fr., net 5 »

1317 — Le même ouvrage, 3e édit., 1 fort vol. in-8, *franco* 9 »

1318 — Explication de la loi sur les sociétés commerciales, in-8, *franco* 3 »

1319 **Rivière et Huguet.** Questions sur la transaction, in-8, 6 fr., net 5

1320 **Rivière et François.** La loi sur la transcription, 2e édit., 1856, in-8, 4 »

1321 **Rivoire.** Dictionnaire raisonné de la taxe en matière civile, in-8, 8 fr., net 5 »

1322 — Traité de l'Appel en matière civile, in-8, 8 fr., net 6 »

1323 **Robernier.** De la preuve du droit de propriété en fait d'immeubles, etc., 1844, 2 vol. in-8, d.-rel., 15 fr., net 12 »

1324 **Roche et Lebon.** Recueil général des arrêts du Conseil d'Etat, depuis l'an VIII jusqu'en 1838, 7 vol. in-8, 70 fr., net 50 »

1325 — Recueil des arrêts du Conseil d'Etat, par Lebon, 1839 à 1862, 24 vol.; complément de l'ouvrage précédent, net 220 »

1326 **Rodière.** Eléments de procédure criminelle, 1845, in-8, 7 fr. 50 c., net 6 50

1327 — De la solidarité et de l'indivisibilité, 1852, in-8, *franco* 6 »

1328 — Cours de procédure civile, 3 vol. in-8, 18 fr., net 15 »

1329 — Traité du droit français, in-8, 1838, net 2 »

1330 **Rodière et Pont.** Traité du contrat de mariage, 2 vol. in-8, 16 fr., net 14 »

1331 **Roger.** De la saisie-arrêt, in-8, net 1 »

1332 — Le même ouvrage, 2e édit., refondue et mise au courant par M. Augustin Roger, 1860, in-8, 8 fr., net 7 »

1333 **Rogron.** Les Codes français expliqués, 2e édit., 1847, 2 vol. gd in-8, d.-rel. 22 »

1334 — Le même ouvrage, 4e édit., d.-rel. veau très-propre 32 »

(On vend séparément.)

1335 — Code Napoléon expliqué, 15e édit., 2 v. in-18, d.-rel. 10 »

1336 — Code de procédure, 9e édit., 1851, rel. 10 »

1337 Code de commerce, 9e édit., d.-rel. 9 50

1338 **Rolland et Trouillet.** Dictionnaire des droits d'enregistrement, net 5 »

1339 **Rolland de Villargues.** Les Codes criminels interprétés par la jurisprudence et la doctrine, 1 fort vol. grand in-8 à deux colonnes, 1861, *franco* 16 »

1340 **Rolland de Bussy,** Dictionnaire des Consulats, Alger, 1853, 6 fr., net 4 »

1341 **Rolland de Villargues.** Jurisprudence du Notariat, 1828 à 1862, 34 vol., d.-rel. 85 »

— 84 vol. in-8, d.-rel., coll. complète 100 »

(Grand nombre d'années séparées.)

1342 — Répertoire de la jurisprudence du Notariat, 9 vol. in-8, d.-rel., *très-rare* 50 »

1343 — Le même ouvrage, 9 vol., br. ou cart., net 40 »

1344 — Des substitutions prohibées par le Code civil, in-8, 7 fr., net 5 »

1345 **Romiguière.** Commentaire de la loi du 17 juillet 1856, sur les sociétés en commandite, 1861, in-8, *franco* 5 50

1346 **Rondonneau,** Table des matières contenues dans le Répert. et les Questions de droit de Merlin, in-4, d.-rel., net 7 »

1347 **Roscher.** Principes d'économie politique traduits par Wolowski, *franco* 15 »

1348 **Rossi.** Cours d'économie politique, 4 v. in-8, d.-rel., net 24 »

1349 — Traité du droit pénal, 1829, 3 vol. in-8, net 8 »

1350 — Le même, 3e édit., revue par Faustin-Hélie, 2 vol., *franco* 14 »

1351 **Rousseau.** De l'approvisionnement de Paris en combustibles, etc., net 4 »

1352 **Roussel.** Dictionnaire de la voirie, in-18, 1861, *franco* 4 »

1353 **Rousset.** Correctionnalisation des crimes, 1855, in-8, *franco* 3 »
1354 — Code annoté de la presse contenant les lois répressives de 1789 à 1856, 1 v. in-8, *franco* 12 »
1355 — Memento des Notaires, in-18, 2 fr. 50, net 1 25
1356 — Code de la Presse, in-4, 12 fr., net 10 »
1357 **Roussilhe.** Traité de la dot, nouv. édit., 1856, 1 vol. in-8. net 5 »
1358 **Royer.** Agriculture allemande, 1847, in-8, net 3 50
1359 **Sabatier.** Législation des femmes publiques, in-8, d.-rel., *rare*, net 9 »
1360 — Traité d'expropriation pour cause publique, 1 vol. in-8, 1862, net 6 »
1360 *bis.* **Sabatier.** Tribune judiciaire, 1856-1861. 10 vol. gr. in-8 40 »
1361 **Saillet et Olibo.** Code des contributions indirectes, 1 vol. in-8, *franco* 12 »
1362 **Saint-Espès-Lescot.** Substitutions prohibées, 1849, in-8, *franco* 8 50
1363 — De la portion disponible, 1849, in-8, *franco* 8 50
1364 — Des donations entre-vifs, 1855-61, 5 v. in-8, *franco* 35 »
1365 **Saint-Edme.** Dictionnaire de la pénalité, 5 vol. in-8 avec figures, net 20 »
1366 — Recueil général des causes célèbres, 15 vol. in-8, d.-rel., net 40 »
1367 — Le même, 13 vol. in-8, br., net 20 »
   (Manque les deux vol. supplémentaires.)
1368 **Saint-Herminy (de).** Traité des élections municipales, in-12, 3 fr. 50, n. 2 »
1369 **Saint-Nexent.** De la réforme hypothécaire, 1845, vol. in-8, 6 fr., net 2 »
— Traité des faillites et banqueroutes, 1844, 3 vol. in-8, 24 fr., net 14 »
1370 **Salvandy.** Législation des gains de survie 4 »
1371 **Salviat.** Traité de l'usufruit, 2 vol. in-8, 8 fr., net 4 »
1372 **Sapey.** Etudes biographiques, Guill. Duvair, Ant. Le Maistre, in-8, net 4 50
1373 — Les étrangers en France, sous l'ancien et le nouveau régime, 1 vol. in-8, net 2 50
1374 **Sauger.** Du louage et des servitudes, 1860, 1 vol. in-8, d.-rel. chagr. 5 »
1375 **Sauvant.** Manuel des actes de l'état civil, 2e édit., 1747, in-12, net 1 25
1376 **Savigny.** Histoire du droit romain au moyen âge, traduite par Guénoux, 1839, 3 vol. in-8, *rare*, net 45 »
1377 — Traité du droit romain, traduit par Guénoux, 8 vol. in-8, 64 fr., net 54 »
1378 — Traité de la possession en droit romain, in-8, *rare*, net 10 »
1379 — Histoire du droit romain, 1re édit., 2 v. rel., net 4 »
1380 **Schenck.** Traité du ministère public, 2 v. in-8, rel., *rare*, net 12 »
1381 **Séhire et Carteret.** Encyclopédie du Droit ou Répertoire raisonné de législation. 20 liv. parues en 7 vol., 100 fr., net 25 »
1382 Le même ouvrage rel., net 35 »

   Nota. C'est tout ce qui a paru de cet excellent ouvrage.

1383 **Sellgman.** Explication de la loi sur les ordres, annotée par P. Pont, 1 vol. in-8, 12 fr., net 10 50

1384 — Les réformes dont notre procédure civile est susceptible, in-8, 1855, net 3 »
1385 **Sellier.** Manuel des Notaires, avec le formulaire des actes, 4 vol. in-4, net 30 »
1386 **Semainville (de).** Code de la Noblesse française, 1860, in-8, *franco* 10 »
1387 **Serizlat.** Traité du Régime dotal, 1845, in-8, 7 fr., net 4 »
1388 **Sermet.** Théorie de l'application des Lois : des absents et de l'état civil, 2 »
1389 — Des Institutions judiciaires, 2 »
1390 **Serrigny.** Traité de l'organisation de la compétence en matière administrative, 3 vol. in-8, *rare* 20 »
1391 — Droit public français, 2 v., 12 fr. 9 »
1392 **Servan.** Œuvres complètes, 5 v. in-8, d.-rel., net 7 »
1393 **Sibille.** Jurisprudence en matière d'abordage, in-8, *franco* 6 »
1394 **Sidi-Khalil.** Précis de Jurisprudence musulmane, 1858, in-8, *franco* 6 »
1395 **Simon.** Manuel des Conseils de Préfecture, 3 vol. in-8, net 5 »
1396 **Simonde de Sismondi.** Etudes sur les Constitutions, 3 vol. in-8, 25 »
1397 **Simonet.** Traité de la Police administrative des théâtres, in-8, 4 fr., net 2 »
1398 **Simonnet.** Histoire et théorie de la Saisine héréditaire, in-8, 6 fr., net 4 »
1399 **Sirey-Devilleneuve et Carrette.** Recueil général des Lois et Arrêts, de 1789 jusqu'en 1862, avec 4 vol. de Lois annotées et les nouvelles tables en 6 vol., en tout 40 vol. in-4, brochés, très-propres, 500 fr., net 330 »
— Le même, belle d.-rel. chagrin 420 »
— Le même, d.-rel., bas. 400 »
— Recueil des Arrêts de 1789 à 130, et continué depuis cette époque jusq'à 1860, par MM. Devilleneuve et Carrette, avec les tables triennales et décennales, 61 vol. in-4, d.-rel. bas., net 210 »
   Grand nombre d'années séparées,
1400 — Jurisprudence du conseil d'Etat, depuis 1806 jusqu'à fin septembre 1818, 5 vol. in-4, net 20 »
1401 — Les Codes annotés, revus et corrigés par Gilbert, 3 vol., 45 fr., net 40 »
1402 — Le même ouvrage, belle d.-rel. chag. net 47 50
1403 — Le même ouvrage, format in-4, 3 vol. coupés, très-propres, net 28 »
1404 — La même édit., rel. en 2 vol., d.-rel. chag., net 32 »
1405 — Le Code civil, 1 vol. in-4, br. ou rel., net 12 »
1406 — Du conseil d'Etat selon la Charte constitutionnelle, in-4, net 5 »
1407 **Nolon.** Code administratif annoté, 1 vol. in-4, 18 fr., net 3 »
1408 — Traité des Nullités, 2 vol. rel. en un seul, 12 fr., net 6 »
1409 — Traité des Servitudes, 7 fr., net 4 »
1410 **Norel.** Dommages aux champs causés par le gibier, responsabilité des propriétaires et locataires des chasses, in-8, 1861 4 »
1411 — Du droit de suite, et de la propriété du gibier tué, 1862, in-8 2 »
1412 **Souquet.** Dictionnaire des temps légaux, 1846, 2 vol. in-4, 60 fr., net 8 »
1413 — Le même ouvrage, d.-rel., net 10 »

1414 **Sourdat.** Traité général de responsabilité, 2 vol. coupés, 15 fr., net 12 »

1415 **Statistique** générale de la France, publiée par le Ministère de l'Agriculture et du Commerce, 20 vol. in-folio, très-propres, net 100 »

1416 — Statistique générale de la France, Industrie, tomes 1 et 2, 22 fr., net 10 »

1417 — Administration publique, 2 vol., 22 fr., net 10 »

1418 — Agriculture, tomes 1 et 2, 22 fr. net 10 »

1419 **Story.** Droit public des Etats-Unis, 2 vol. in-8, rare, net 15 »

1420 **Sudraud-Desisles.** Notes d'un juge d'instruction sur les frais de justice, in-8, rare, net 5 »

1421 — Manuel du juge taxateur, in-8, 3 »

1422 — **Tableau** général du commerce de la France, 1827 à 1836; 1838 à 1846; 1854 à 1856, 15 vol. in-folio, net 60 »

1423 **Taillandier.** Commentaire sur l'ordonnance des conflits, in-8, rel. 2 »

1424 — Réflexions sur les lois pénales de France et d'Angleterre, in-8, net 1 25

1425 **Talandier,** Des Absents, in-8, 3 »

1426 — De l'Appel en matière civile, 4 50

1427 **Tulon.** (Omer et Denis.) Leurs œuvres, 6 vol. in-8, net 6 »

1428 **Tarbé.** Lois et Règlements de la Cour de cassation, 1 vol. gr. in-8, 18 fr., 15 »

1429 **Tarbé de Vauxclairs.** Dictionnaire des trav. publics, in-4, tr.-rare, net 30 »

1430 **Tauller.** Théorie raisonnée du Code civ., 7 vol. in-8 60 fr. net 30 »

1431 **Teisserenc.** Travaux publics en Belgique et chemin de fer en France, in-8, 1839, net 3 »

1432 **Fessler.** Questions sur la Dot, 1852, in-8, franco 5 »

— Traité de la Dot, 2 vol. in-8, rare 18 »

1433 **Teste-Lebeau.** Dictionnaire des arrêts de la Cour de cassation, in-8, net 3 »

1434 **Teulet.** Dictionnaire des Codes français, 1836, 1 vol. gr. in-8, rel., net 5 »

1435 — Les Codes de l'Empire français, 1863, in-8, 12 fr., net 10 60

1436 — Le même, belle d.-rel. ch., net 12 50

1437 — Le même, format in-18 ou in-32, belle d.-rel., net 5 50

1438 — Les Codes de l'Empire français, 1859, 1 vol. in-8, d.-rel. chag., net 8 »

1439 **Teulet et Camberlin.** Journal des tribunaux de commerce, 1852 à 1862, 11 v. in-8, br., 70 fr., net 55 »

1440 **Teulet et Loiseau.** Tarif des actes en matière civile, in-8, 6 fr., net 3 »

1441 **Teulet, d'Auvilliers et Sulpicy.** Codes annotés, 2 vol. gr. in-8, Paris, 1843, d.-r., 40 fr., net 12 »

1442 — Le même, édit. de 1850, net 20 »

1443 **Thémis,** ou Bibliothèque du Jurisconsulte, 1820, 10 vol., in-8, rare, 65 »

1444 **Thieriet.** Codes des faillites et banqueroutes, 1 vol. in-8, 5 fr., net 2 50

1445 **Tillard.** Des actes dissolutifs de communauté, 1851, in-8, franco 6 »

1446 **Tillière.** Traité théorique et pratique des brevets d'invention, in-8, franco 11 »

1447 **Tissonnier.** Transmission des biens par succession, 8 vol. in-8, 10 »

1448 **Tissot.** Le droit pénal étudié dans ses principes, dans les usages et les lois de différents peuples, 2 vol. in-8, 1860, 16 »

1449 **Tonneller.** Manuel des greffiers des tribunaux de première instance, 1859, in-4, d.-rel. propre, net 27 »

1450 **Toullier.** Droit civil français, 2e éd., 14 vol. in-8, br., net 12 »

1451 — Le même 4e édit., d.-rel., net 20 »

1452 — Le même, 5e édit., 15 vol., net 22 »

1453 **Toullier-Duvergier.** Droit civil français, 6e et dernière édit., 14 vol. in-8, br., 70 fr., net 40 »

1454 — Le même, d.-rel. bas., net 45 »

1455 — Le même, belle d.-rel. ch., net 50 »

1456 **Toulotte et Riva.** Histoire de la barbarie et des lois au moyen âge, 3 vol. in-8, net 6 »

1457 **Tourneux.** Législation des chemins de fer en Allemagne, in-8, br. et rel. 4 »

1458 **Toussaint.** Code manuel des armateurs et capitaines de la marine marchande, 1 v. gr. in-8, 12 fr., net 10 »

1459 — Code des préséances, 1845, in-8, très-rare 12 »

1460 **Trébuchet.** Code des établissements dangereux, etc. 1832, in-8, 9 fr., net 3 »

1461 **Trébuchet Blouin et Labat.** Dictionnaire de police, 2 vol. in-8, net 4 »

1462 **Trébutien.** Cours élémentaire de droit criminel, 2 vol. in-8, 15 fr., net 13 »

1463 **Tripier.** Les Codes français, 1863 1 vol. gr. in-8, 16 fr., net 12 »

1464 — Le même, d.-rel. ch., net 14 50

1465 — Le même, in-32, net, 4 fr. 50 br., d.-rel., net 5 50

1466 — Les Codes français, édit. de luxe, d.-r. ch., tr. sup. dorée, 50 fr., net 20 »

1467 — Code de justice militaire, armée de mer, 1 fort vol. in-8, 12 fr., net 8 »

1468 — Constitution, in-18, 1 fr., net 2 »

1469 **Troplong.** Droit civil expliqué (ouvrage qui fait suite à celui de Toullier), dernière éd., 27 v. in-8, coupé, 243 fr., 180 »

1470 — Le même ouvrage, 27 vol., nouv. édit., belle d.-rel. ch., net 220 »

Nota. Chaque ouvrage se vend séparément, net 7 fr. le vol. br. coupé, ou 8 fr. 50 d.-rel. chag.

1471 — Le Droit civil français expliqué, 28 v. in-8, coup. tr.-pr., 9 fr. le vol.; net 8 50

Exemplaires complets, anciennes éditions.

1472 — Le même ouvrage, belle d.-rel. 10 fr. 50 le vol., net 7 »

1473 — Complément du Droit civil français de Toullier à partir de la vente, form. 10 vol. in-8, br. pr. à 5 fr., ou rel., 6 »

Traités séparés d'occasion br. ou rel.

1474 — Traité de la vente, 3e édit., 2 vol. br., net 5 »

1475 — Traité de la prescription, 2e édit., 2 v. d.-rel. bas, net 5 »

1476 — Traité du louage et échange, 1re édit., 3 vol. in-8, net 7 50

1477 — Traité des hypothèques, 2e édit., 4 vol. in-8, d.-rel., ou broché, 10 »

1478 — Traité des sociétés, 2 vol., rare 14 »

1479 — Traité du contrat de Mariage, 2e édit., 4 vol. in-8, coupés, net 22 »

1480 — Traité de la prescription, 2 vol., de la

vente, 2 vol.; louage, 3 vol.; hypothèques, 4 vol.; contrat de mariage, 4 vol. Les 15 v. br., net 50 »

1481 — De l'influence du christianisme sur le droit civil des Romains, 1843, net 5 »

1482 — Le même ouvrage, nouv. édit., 1 vol. in-12, 3 fr. 50, net 3 »

1483 — Du pouvoir de l'État sur l'enseignement, 1844, in-8, 6 fr., net 3 »

1484 **Vulette.** De l'effet de l'inscription en matière de privilèges, in-8, 3 fr., net 2 »

1485 — Traité des privilèges et hypothèques, 1re partie seule parue, *rare,* 8 »

1486 **Vanuffel.** Contrat de louage, in-8, 6 fr., net 4 »

1487 **Vasserot.** Manuel des experts en matière civile, 1846, in-8, 8 fr., net 4 »

1488 **Vattel.** Droit des gens, 3 volumes in-8, *très-rare,* net 30 »

1489 **Vauchelle.** Cours de Droit militaire, 1861, 3 v. in-8, *franco* 24 »

1490 **Vaudoré.** Le droit civil des juges de paix, 3 vol. gr. in-8, 1845, net 12 »

1491 **Vavasseur.** Des Sociétés en commandite par actions, 1856, in-8, *franco* 4 50

1492 **Vélain.** Cours élémentaire du notariat, 1851, in-8, d.-rel., 9 fr., net 6 50

1493 **Venant.** Code de la veuve, 1854, in-8, coupé 7 50

1494 **Vazeille.** Traité du mariage, 2 vol. in-8, 12 fr., net 3 50

1495 — Commentaire sur les successions, donations et testaments, 3 vol. in-8, 16 »

1496 **Vernet.** De la quotité disponible, 1855, 8 vol. in-8, 7 fr. 50, net 6 50

1497 **Vicat.** Vocabularium juris utriusque, 3 vol. in-8, d.-rel., net 6 »

1498 **Viel.** Théorie pratique sur l'administration et la comptabilité des troupes, 3 vol. in-8 20 »

1499 **Villepin.** Commentaire sur les ventes aux enchères des marchandises neuves, 1821, in-18, 3 fr., net 1 »

1500 **Villiaumé.** Nouveau traité d'économie politique, 2 vol. in-8, *franco* 12 »

1501 **Vincens.** Exposition raisonnée de la Législation commerciale, 3 vol. in-8, 4 »

1502 **Virolle.** Le guide des syndics, des faillites et banqueroutes, 5 fr., net 3 50

1503 **Vincent.** Études sur la loi Musulmane (Rit de Malek), in-8, 5 »

1504 **Vivien.** Études administratives, 1853, 2 vol. in-12, 7 fr., net 6 »

1505 — Le même, 1re édit., in-8, net 3 50

1506 **Vivien et Blanc.** Législation des théâtres, 1830, in-8, *rare,* net 10 »

1507 **Vuillaume.** Commentaire analytique du Code Napol. 1856, in-8, coupé, 6 »

1508 **Vuillefroy.** Traité de l'administration du culte catholique, in-8, net 9 »

1509 **Vuillefroy et Monnier.** Principes d'administration, in-8, 7 fr. 50 3 »

1510 **Waldeck-Rousseau.** Le Code civil annoté des opinions de tous les auteurs, in-4, 28 fr., net 8 »

1511 **Walker.** Collection complète des lois antérieures à 1789, 5 vol. in-8, net 20 »

1512 **Walter.** Manuel du droit ecclésiastique, trad. par Roquemont, in-8, *très-rare.*

1513 **Watteville.** Code de l'administration charitable, in-8, 7 fr. 50, net 3 »

1514 — Rapports à Son Exc. le ministre de l'Intérieur sur la situation des bureaux de bienfaisance, 1854, in-4, 40 fr., 6 »

1515 **Whenton.** Histoire du droit des gens, 2 v. in-8, net 13 »

1516 — Éléments de droit international, 2 v., net 13 »

1517 **Weiss.** Code de Droit maritime international, 2 vol. in-8, *franco* 16 »

1518 **Wolowski, Troplong, Giraud,** etc. Revue de législation et de jurisprudence, 1833 à 1853, 46 vol., comp. la table, 130 »

1519 — Le même ouvrage rel. jusqu'en 1842, le reste broché, net 120 »

1520 **Wheelock.** Code civil de la Louisiane annoté, 1838, 1 vol. gr. in-8, *franco* 40 »

1521 **Westoby.** Résumé de législation anglaise, 1853, in-8, *franco* 6 »

1522 **Zachariæ.** Cours de droit civil français, traduit par Aubry et Rau, 5 vol. in-8, 1839, d.-rel., net 25 »

1523 — Le même ouvrage, br., net 20 »

1524 — Le même ouvrage, 3e édit. corrigée et augmentée, 6 vol. in-8, coupé, net 42 »

1525 — Droit civil français, traduit par Massé et Verger, 5 vol. in-8, belle d.-rel., 38 »

1526 — Le même ouvrage, br., coupé, 30 »

AVIS.

Tous les ouvrages, de **n'importe quel genre,** quoique n'étant pas portés sur ce catalogue, seront fournis, soit neufs ou d'occasion, avec les plus fortes remises. — **(Il sera répondu à toutes les lettres affranchies.)** — Achetant tous les jours de nouveaux livres, ma librairie est constamment renouvelée, ce qui me permet d'offrir toujours, à MM. les Amateurs, des livres d'occasion qui n'ont jamais été portés sur les catalogues.

JURISPRUDENCE ANCIENNE

1527 **Argou**. Institution du Droit français, 2 vol. in 12, net 2 »
1528 **Augeard**. Arrêts notables, in-folio, 8 »
1529 **Auzanet**. Les œuvres contenant la coutume de Paris, 1708, in-fol., net 4 »
1530 **Azuni**. Système universel de Principes de droit maritime de l'Europe. Paris, an VI, 2 vol. in 8, *rare* 16 »
1531 **Bacquet**. Œuvres complètes, 2 vol. in-folio, rel., net 5 »
1532 **Barbeyrac**. Le Droit de la nature et des gens, 2 vol. in 4, rel., net 5 »
1533 — Hist. des anciens Traités jusqu'à Charlemagne, 2 tomes en 1 vol. in-folio, 14 »
1534 **Bardet**. Recueil d'arrêts, 2 vol. in-folio, net 7 »
1535 **Basnage (H.)**. Coutume de Normandie, 2 vol. in-folio, net 10 »
1536 **Béchet (Cosme)**. L'usance de Saintonge, Bordeaux, 1701, in 4, veau brun. 3 »
1537 **Bérault**. Coutume de Normandie, 2 vol. in-fol., net 15 »
1538 **Bexon (Scipion)**. Code de la sûreté publique, 1807, in-folio, 5 »
1539 **Billon**. Coutumes d'Auxerre, in 4 rel., net 3 »
1540 **Blondeau (Ch.)**. Journal du Palais, ou Recueil des principales décisions de tous les parlements, 2 vol. in f., rel., net 6 »
1541 **Bornier**. Conférences, 2 vol. in 4, rel., net 4 »
1542 **Bouchaud**. Commentaires sur la loi des douze tables, 2 vol. in 4, net 8 »
1543 **Bouhier**. Œuvres complètes, 3 vol. in-folio rel., net 20 »
— Le même, Coutumes de Bretagne, 2 v. in-folio rel., net 10 »
1544 **Boullenois**. Traité de la personnalité et de la réalité des lois, 2 vol. in 4. 15 »
1545 **Bourdeau de Richebourg**. Le grand Coutumier général, 4 vol. in-folio rel., net bel exempl. 22 50
1546 **Bourjon**. Le Droit commun de la France. Paris, 2 vol. in folio, v. net 8 »
1547 **Boutaric**. Droits seigneuriaux, in 4 rel., net 3 »
1548 **Bouteiller (J.)**. Somme rurale ou le Grand coustumier de pratique civile, et canon avec notes de Louis Charondas le Caron. Paris, Barthélemy Macé, 1603, in 4 cartonné, en toile. 15 »
Edition très-estimée.
1549 **Bretonnier**. Question de Droit, 1 vol. in 4. 3 »
1550 **Brillon**. Dictionnaire des Arrêts, 6 vol. in folio, rel., net 25 »
1551 **Brissonius (Barn)**. Opera omnia, 3 v. in folio, rel., net 20 »
1552 **Brodeau**. Coutumes de Paris, 2 vol. in-folio, rel., net 15 »
1553 **Bruni (Alb.)**. Tractatus de statutis à suc-

cessionibus fœminis, necnon cognatorum lineam excludentibus *Venetiis*, 1549.
— Ejusdem consilia in materia feudali *Ibid.*, 1548. — Les deux ouvrages en 1 vol. in folio, rel. en bois, net 6 »
Ces deux ouvrages, qui sont peu communs, sont d'une parfaite conservation.
1554 **Cabassutio**. Juris canonici, 1 vol. in-4, rel., net 4 »
1555 **Calonne (De)**. Coutumes d'Amiens, 1 v. in 4, rel., net 3 »
1556 **Catellan**. Arrêts du Parlement de Toulouse, 2 vol. in 4, rel., net 5 »
1557 **Chabrol**. Coutumes d'Auvergne, tom. 1, 2, 3, in 4, rel., net 12 »
1558 **Charondas le Caron**. Pandectes ou Digeste du Droit français, 1637, in folio veau 8 »
1559 — Réponses et décisions du Droit français, confirmées par arrêts des Cours. Paris, 1737, in folio, veau. 8 »
1560 **Charondas (L.)**. Corpus juris civilis. Antverpiæ, 1575, 4 tomes en 1 vol. in fol., vélin vert. 12 »
1561 **Choppin**. Ses œuvres, 3 vol. rel., in fol. net 20 »
1562 **Corcell**. Jus civile controversum Lipsiæ, 1798, 2 vol. in 4, dem.-rel. basane. 8 »
1563 **Cochin**. Œuvres complètes, 6 vol. in-4, rel., net 6 »
1564 **Code Napoléon**. Edition officielle, Impr. Impériale, 1807, in 4, rel., net 4 »
1565 **Code noir**. Recueil des règlements, édits, déclarations et arrêts concernant le commerce et l'administration des colonies françaises, 1745, 1 vol. 3 »
1566 **Codex** Theodosianus cum perpetuis commentariis Gothofredo, 6 vol. in folio rel., net 40 »
1567 **Conférences** sur les eaux et forêts, 2 v. in 4, rel., net 4 »
1568 **Conférences** sur les ordonnances de 1667 et 1670, 1 vol. in 4, rel., net 3 »
1569 **Corpus** juris civilis Gothofredi, 1612, 5 vol. in folio, d.-rel. bas. 25 »
1570 — Le même, Lyon, 1612, in fol., bel exemplaire, net 30 »
1571 **Corpus** juris civilis Gothofredi. Lugduni 1590, deux tomes en 1 vol. in folio, veau brun. 12 »
1572 — Le même, Lugduni Jannis Caffin, 1650, 2 vol. in fol. veau brun. 15 »
1573 **Corpus juris civilis** Gothofredi. Luteliæ Parisiorum ex typographia Antonii Vitray, 1628, 2 vol. in folio, titre gravé, veau brun. Bel exemplaire. 20 »
1574 **Corpus** juris civilis Gothofredi. Amstelodami Danielem Elzevirios, 1663, 2 vol. in folio, titre gravé, rel. en basane. 40 »
Edition la plus estimée.
1575 **Corpus** juris canonici emendatum et no-

tis illustratum, Pauli Lanceloti, Parisiis, 1618, in fol., veau			18 »
1576 **Corpus** juris civilis Gothofredi. Genève, 1656, 2 vol. in 4, veau brun.		10 »
1577 — Le même ouvrage, 1594, in 4, bas. 6 »
1578 **Corpus** juris civilis Justinianeum compre-henditur, 1782, 2 vol. in 4, dem.-reliure parchemin.		10 »
1579 **Corpus Juris civilis** academicum. H. Freiesleben coloniæ, 1775, in 4, veau.		8 »
1580 — Le même, 1789, in 4, veau.		12 »
1581 **Coquille.** OEuvres complètes, 1666, 2 v. in folio, rel., net		8 »
1582 **Corvini (Ar.).** Codicis Justiniani, 1755, in 4, net		3 50
1583 **Coutumes** de Picardie, 1720, 2 v. in fol., rel., net		10 »
1584 **Coutumes** de la cité et ville de Reims avec les commentaires de J.-B. de Buri-dan. Paris, 1665, in folio, veau brun 6 »
1585 **Coutume** générale des pays et duché de Bourgogne, avec le commentaire de Tai-sant. Dijon, 1608, in-folio, veau brun. 6 »
1586 **Coutumier** de Vermandois, 1728, 2 vol. in folio, net		15 »
1587 **Coustume** de Paris, conférée avec les autres coustumes de France, par Dumou-lin. Paris, 1666, in-folio, rel. fatiguée. 4 »
1588 **Coutumes** de Touraine, voir n° 1686.
1589 **Coutumes** de Saint-Jean-d'Angely, voir n° 1700.
1590 **Coutumes** de Senlis, voir n° 1747.
1591 **Coutumes** de Berry, voir n° 1706.
1592 **Coutumes** de Troyes, voir n° 1701.
1593 **Coutumes** de Vitry, voir n° 1686.
1594 **Coutumes** d'Auxerres, voir n° 1630.
1595 **Coutumes** d'Amiens, voir n° 1555.
1596 **Coutumes** de Saintes, voir n° 1638.
1597 **Cujacii (Jac.)** Opera omnia, Venitiis et Mutinæ, 13 vol. in fol., rel., net		250 »
— Opera omnia cura Fabroti. Parisiis, 1558, 10 vol. in folio, veau, net		90 »
1598 — Le même ouvrage dont le volume contenant le Code est de l'édition en 6 vol., net		50 »
1599 — Opera omnia. Paris, 1637, 6 vol. in fol., veau. Bel exemplaire.		32 »
1600 **Daguesseau.** OEuvres complètes, 13 vol. in 4, reliés.		25 »
1601 — Questions sur les substitutions, in 4, net		3 »
1602 **Dantoine.** Les Règles du Droit français, in 4, net		3 »
1603 **Danty.** Traité de la preuve par témoins, in 4, net		3 »
1604 **Delaistre.** Coutumes de **Sens** et de **Langres,** in 4, v., net		3 50
1605 **Delabellandre.** Traité des droits d'ai-des, in 4, net		3 »
1606 **Delvincourt.** Cours de Code Napoléon. Paris, 1834, 3 vol. in 4.		15 »
1607 — Le même ouvrage, 1819, 3 v. in 4. 8 »
1608 **Denisart.** Collection de décisions, 9 vol. in 4, net		20 »
1609 — Décisions nouvelles, 4 vol. in 4.		6 »
1610 — Actes de notoriété, in 4, net		3 »
1611 **De Renusson.** Traité des propres, in fol., net		4 »
1612 — Traité du douaire et de la garde noble bourgeoise, in 4, net		3 »

1613 — Traité de la communauté, in 4.		3 »
1614 — Traité de la subrogation, in 4.		3 »
1615 — Questions de droit français, in 4.		3 »
1616 — Traité de la communauté, 1699, in fol., net		5 »
1617 — OEuvres complètes, nouv. édit. rev. par Sérieux. Paris, 1780, in folio, veau 8 »
1618 **Desgodets.** Lois des bâtiments, édition revue par Goupy, in 8, net		2 50
Voir n° 506.
1619 **Despeisses,** OEuvres sur les matières du droit romain, 3 vol. in folio, veau.		15 »
1620 **Desquiron.** Nouveau Furgole ou traité des testaments, 2 vol. in 4, rel.		7 »
1621 **Dictionnaire** des domaines, 2 vol. in 4, net		6 »
1622 **Digestorum** seu Pandectarum Parisiis apud Carolam Guillard, 1548, 6 vol. in 4, veau brun.		15 »
1623 **Domat.** Lois civiles, 1745, in folio.		4 »
1624 — Le même. Nouvelle édit., 1777, in fol., net		8 »
1625 — Même édition, 1777, in folio, cart. non rogné		6 »
1626 — Le même ouvrage, 1767, in f., v.		5 »
1627 **Duaelli (Hugonis)** Opera omnia, 12 v. grand in 8, br., net		65 »
1628 **Dufresne.** Journal des audiences, 6 vol. in-folio, net		30 »
Idem. **Dujardin-Sally.** Législation des Douanes, 1 vol. in 4.		3 »
1629 **Dumont.** Corps universel, diplomatique du droit des gens; Barbeyrac, anciens trai-tés jusqu'à Charlemagne, 2 vol. Supplé-ment au corps diplomatique avec céré-monial, 3 vol. Saint-Priest, 2 vol. Négo-ciations secrètes touchant la paix de Munster, 4 vol., en tout 10 volumes, rel. basane.		250 »
1630 **Dunod de Charnage.** Traité des pres-criptions et de l'aliénation des biens de l'Eglise, in 4, net.		3 »
1631 — Traité de la main-morte et des retraits, in 4, bas.		3 »
1632 — Observations sur les titres de droits de justice, in 4, bas.		4 »
1633 **Duperrier (Scipion).** OEuvres revues par Touloubre, 3 vol. in 4, net		9 »
1634 **Duplessis.** Coutume de Paris, in-4.		5 »
1635 — Ses œuvres, 2 vol. in 8.		10 »
1636 **Durand.** Coutumes du bailliage de Vitry-Châlons, 1722, in folio, veau brun.		6 »
1637 **Durand de Maillane,** Dictionnaire de droit canonique, 6 vol. in 4.		10 »
1638 **Dusault.** Commentaire sur l'usance de Sainte, conférée avec la coutume de Saint-Jean-d'Angely. Bordeaux, 1722, in 4, veau brun.		3 »
1639 **Emerigon.** Assurances à la grosse, 2 vol. in 4, net		5 »
1640 — Le même, revu par Boulay-Paty. Paris, 1827, 2 vol. in 4.		10 »
1641 **Encyclopédie** méthodique; économie politique, 4 vol., veau racine.		12 »
1642 — Finances, 3 vol. in 4, veau, net		9 »
1643 — Jurisprudence, 9 vol. in 4, veau.		23 »
1644 **Expilly (Claude d').** Plaidoyez, Paris, 1612, 1 vol. in 4, basane.		4 »
1645 **Facciolati (Jac.).** Totius latinitatis lexic. opera, Leipsig, 1839. 4 vol. d.-rel.		60 »
1646 **Favard de Langlade.** Répertoire de la

nouvelle législation, 5 vol. in-4, d.-rel., net ... 20 »

1647 **Ferrière**. Jurisprudence des Novelles de Justinien, 2 vol. in-4, net ... 5 »

1648 **Ferrière (Claude)**. Corps et compilation de tous les commentateurs sur la coutume de Paris, 4 vol. in fol., v., net 40 »

— Traduction des Instituts de Justinien, 7 vol. in-12, rel., net ... 4 »

— Traité des tutelles, in-4, net ... 3 »

1649 **Ferrière**. Dictionnaire de droit et de pratique, 2 vol. in-4, net ... 5 »

1650 — La science parfaite des notaires ou le moyen de faire un parfait notaire, 2 vol. in-4. ... 5 »

1651 **Fevret (Ch.)**. Traité de l'abus, 2 vol. in fol. ... 8 »

1652 **Fleffé-Lacroix**. La clef des lois romaines ou dictionnaire de toutes les matières contenues dans le corps de droit, 2 vol. in-4, *rare* ... 30 »

1653 **Flaust**. Coutume de Normandie, 2 vol. in folio. ... 15 »

1654 **Fontanon**. Recueil d'édits, 1611, 3 vol. in folio, net ... 15 »

1655 **Freminville (Poix de)**. Pratique des Terriers, 5 vol. in-4, net ... 15 »

1656 — Dictionnaire ou traité de police des villes, etc., in-4, net ... 2 50

1657 **Froland**. Mémoires concernant le duché de Normandie et diverses questions qui en dépendent. Paris, 1729, in-4, veau fauve ... 5 »

1658 — Mémoire concernant le droit de tiers et danger sur les bois de la province de Normandie. Rouen, 1738, in-4, veau br. 5 »

1659 **Furgole**. Œuvres complètes, 8 vol. in-8, rel. ... 12 »

1660 — Commentaire sur les substitutions, in-4, net ... 3 »

1661 — Ordonnances de Louis XV sur les domaines, 2 vol. in-4. ... 7 »

1662 — Traité des testaments, 3 vol. in-4. 8 »

1663 **Garnier-Deschenes**. Traité élémentaire du notariat. Paris, 1807, in-4, dem.-rel. basane. ... 4 »

1664 **Grotius (Hugues)**. Le droit de la guerre et de la paix, trad. Barbeyrac, 2 vol. in-4, net ... 6 »

1665 — Droit de la nature et des gens, 2 vol. in-8 reliés, net ... 6 »

1666 **Guyot**. Répertoire de jurisprudence, 17 v. in-4, net ... 30 »

1667 — Traité des fiefs, 1746, 6 v. in-4, v. 10 »

1668 **Haenel (Gust.)**. Codices Gregorianus, Hermogenianus, Theodosianus, 1832, in-4, dem.-rel. bas. fatiguée. 6 »

1669 **Héricourt**. Œuvres posthumes, 4 vol. in-4. ... 10 »

1670 — Lois ecclésiastiques, in folio. 5 »

1671 — Ancienne et nouvelle discipline de l'Eglise touchant les bénéfices et les bénéficiers. Paris, 1717, in-4, veau brun. 3 »

1672 **Heineccii (Got.)**. Antiquitatum romanarum, 1741, 2 vol. in-8. 4 »

1673 **Henrys**. Œuvres complètes, 4 vol. in fol., net ... 20 »

1674 **Houard**. Traité sur la coutume anglo-normande, 4 vol. in-4. 12 »

1675 — Dictionnaire de la coutume anglo-normande, 4 vol. in-4, net 8 »

1676 **Hulot Tissot**. Corps de Droit des lois rom. trad. en franç., 17 v. in-4, r. 200 »

Chaque partie se vend séparément.

1677 — Les cinquante livres du Digeste, 7 vol. reliés. 30 »

1678 — La clef des Lois romaines, 2 vol., *très-rare* 30 »

1679 — Le Code et Novelles, 4 vol., *tr.-r.* 70 »

1680 — Les Novelles, 2 vol., *très-rare*. 30 »

1681 **Jousse**. Commentaire sur l'ordonnance du commerce du mois de mars, 1675, revu par Bécane, in-4, dem.-rel. basane. 3 50

1682 **Jouy (François de)**. Supplément aux lois civiles de **Domat**, 1756, in fol. 2 »

1683 — Arrêts de règlements, in-4. 3 »

1684 **Justiniani** institutionum libri quatuor. Amsterd., Elzev., 1759, 1 v. in-18, v. 4 »

1685 **Jacquet**. Traité des Justices, in-4. 3 50

1686 — Coutume de Touraine, 2 v. in-4. 7 »

1687 — Confér. de l'ord. sur le fait des entrées, aydes et aut. droits. Paris, 1727, in-4 3 »

1688 **Jacquin**. Ordonnances de Louis XIV sur les entrées, in-4. 3 »

1689 **Jousse**. Justice criminelle en France, 4 v. in-4, net ... 12 »

1690 — Administration de la Justice, 2 vol. 7 »

1691 **Lalaure**. Traité des servitudes réelles, in-4, basane. 3 »

1692 **Lalouette**. Eléments de l'administration pratique, 1812, 1 vol. in-4, d.-rel., v. 4 »

1693 **Lamoignon**. Recueil des arrêts, 2 vol. in-4 3 »

1694 **Lange**. Pratique civile et criminelle, 2 v. in-4 6 »

1695 **Lapeyre**. Décisions du Palais, in-f. 4 »

1696 **Laurière (Eusèbe de)**. Glossaire du droit français, contenant l'explication des mots difficiles qui se trouvent dans les ordon. de nos rois, 2 v. in-4, *très-r.* 18 »

1697 **Lanterbach**. Dissertationes academicæ, 4 vol. in-4, bas. 20 »

1698 **Lebret**. Ses œuvres, in fol., net 4 »

1699 **Lebrun (Denis)**. Traité des successions, in folio. 4 »

1700 — Traité de la communauté, in fol. 5 »

1701 **Legrand**. Cout. de Troyes, in fol. 5 »

1702 **Lemaistre**. Coutume de Paris, in f. 5 »

1703 **Lepage**. Nouveau style de la procédure civile, in-4, veau écaille, filets, tranche dorée. 5 »

1704 **Le Prestre**. Questions notables de droit, 1 vol. in folio. 4 »

1705 **Loyseau**. Ses œuvres. Paris, 1678, in-folio, veau brun. 7 »

1706 **Maichain**. Commentaire sur la coutume de Saint-Jean-d'Angely. Saintes, 1708, in-4, rel. fatiguée. 3 »

1707 **Maillart**. Coutumes d'Artois, in f. 4 »

1708 **Mars**. Corps de droit criminel, 2 v. in-4, d.-rel., net ... 8 »

1709 **Maynard**. Recueil des Arrêts, 2 vol. in-f. basane. 8 »

1710 **Mémoire** pour Louis-René-Edouard de Rohan, évêque de Strasbourg, contre le procureur général.

Sommaire pour la comtesse de Valois-Lamotte.

Mémoire pour dame de Saint-Remy de Valois-Lamotte.

Mémoire pour le sieur Hoch-Brücker et autres, in-4, d.-rel. bas. 3 »

1711 **Merendæ (Ant.).** Controversiarum juris libri xiv. Bruxelles, 1745, 5 vol. in-folio. Bel exemplaire, net 25 »
1712 **Merlin** Répertoire de jurisprudence, 4e édit., 17 vol. Question de droit, 3e édit., 9 vol. in 4.
  Les 27 vol., d.-rel., net 90 »
1713 **Merlino.** De legitima tractatus absolutissimus mercuriali. Merlino Coloniæ, 1634, in fol., rel. fatiguée. 4 »
1714 **Meslé.** Traité des minorités, in 4. 3 »
1715 **Molinæl** Opera quæ extant omnia. Paris, 1658, 4 vol. in fol., veau 15 »
1716 — Le même. Paris, 1681, 5 vol. in folio, veau. 50 »
1717 **Mongalvy et Germain.** Analyse raisonnée du Code de Commerce, 2 vol. in 4, d.-rel. 5 »
1718 **Mornacius.** Observationes in viginti Digestorum, 4 vol. in fol., rel. en 2 v. 10 »
1719 **Mourre.** Œuvres judiciaires, in 4, bas. 4 »
1720 **Muyart de Vouglans.** Lois criminelles de France, in folio. 4 »
1721 — Institutes de droit criminel, in 4. 3 »
1722 **Nee de la Rochelle.** Coutumes d'Artois, in 4. 3 »
1723 **Noodt.** Opera omnia, 2 vol. 10 »
1724 **Ordonnances** des rois de France, de la troisième race, recueillies par ordre chronologique, par Laurière, Sécousse, Bréquigny, Pastoret, Pardessus, Imp. Imp., 1723 à 1849, 23 vol. in fol., veau. 600 »
1725 — Le même ouvrage, tomes 1 à 13, in fol., veau. Bel exemplaire, net 130 »
1726 **Papon.** Recueil d'arrêts notables des cours souveraines de France, in fol. 5 »
1727 — Decisionis Guidonis Papæ J. U. consultissimi. Lugduni, 1610, in fol., vélin. 4 »
1728 **Patru.** Ses œuvres, 2 vol. in 4. 5 »
1729 **Pelée de Chenouteau.** Coutumes de Sens, in 4. 3 »
1730 **Perard Castel.** Paraphrase de Dumoulin sur la chancellerie romaine, in folio, veau. 5 »
1731 **Pigeau.** La procédure civile du Châtelet de Paris, 2 vol. in 4, rello. 5 »
1732 — Procédure civile des tribunaux de France, 1826, 2 vol. in 4, d.-rel. 4 »
1733 — Commentaire sur le Code de procédure civile, 1827, 2 vol. in 4, d.-rel. 6 »
1734 **Pièces** originales, et procédure du procès fait à Robert-François Damiens. Paris, 1757, in 4, veau, filets (armes). 5 »
1735 **Pocquet.** Traité des fiefs, in 4. 3 »
1736 **Pothier.** Pandectes de Justinien. Lugduni, 1782, 3 vol. in fol., veau. Bel exemplaire. 30 »
1737 — Le même, rel. fatiguée. 25 »
1738 — Le même, cartonné en d.-toile. 20 »
1739 — Pandectes de Justinien, édition revue par Lutrulfe. Paris, 1818, 3 vol. in folio, brochés. 30 »
1740 Œuvres complètes, 8 vol. in 4, veau, net 35 »
1741 — Le même ouvrage, 28 vol. in 12. 20 »
  Voir numéros 1226 et suiv.
1742 **Procès-verbal** des ordonnances de 1667-1670, in 4. 3 »
  Ragueau. Voir n° 1696
1743 **Recueil** des lois et règlements concernant l'instruction publique, depuis l'édit de Henri IV jusqu'en 1828, 9 v. in 8, b. 20 »
1744 **Renauldon.** Dictionnaire des fiefs et droits seigneuriaux, 1705, in 4, veau 4 »
1745 **Ricard** Donations et testaments, 1713, 2 vol. in folio 6 »
1746 Le même, 17 4, 2 vol. in folio. 7 »
1747 — Coutume du bailliage de Senlis. Paris, 1664, in 4, veau. 4 »
1748 **Richet.** Mort civile, in 4. 3 »
1749 **Rodier.** Questions sur l'ordonnance de Louis XIV, in 4. 3 »
1750 **Rousseau de Lacombe.** Jurisprudence canonique, in fol. 5 »
1751 — Traité de matière criminelle, in 4. 3 »
1752 — Droit écrit et coutumier, in 4. 3 »
1753 **Routier.** Droit civil et coutumier de Normandie, in 4. 3 »
1754 **Sallé.** Esprit de l'ordonnance de Louis XV, in 4. 3 »
1755 **Salviat.** Jurisprudence de Bordeaux, in 4. 3 »
1756 **Shivaing.** Usage des fiefs, in fol. 5 »
1757 **Savary.** Dictionnaire universel du commerce, 5 vol. in-fol. 30 »
1758 — Le parfait négociant, 2 vol. in-4. 5 »
1759 **Serpillon.** Comment. sur l'ordonnance de 1760, 2 vol. in 4. 4 »
1760 — Code du faux, in 4. 2 »
1761 **Serres.** Institution du droit français. 3 »
1762 **Soefve.** Arrêts du parlement de Paris, 2 vol. in fol. 5 »
1763 **Style** (nouveau) du Châtelet de Paris en matière civile et criminelle. Paris, 1771, in 4, bas. 4 »
1764 **Terrasson.** Histoire de la jurisprudence romaine, 1 vol. in fol. 5 »
1765 **Thevenot Dessault.** Dictionnaire du Digeste, 2 vol. in 4. 7 »
1765 bis. **Thibault.** Traité des criées, 2 vol. in 4 3 »
1766 **Thaumas de la Thaumassière.** Nouv. commentaire sur les coutumes du Berry. Bourges, 1693, in 4. 6 »
1767 **Théophile.** Institutionum libri IV. Paris, 1657, in 4, veau brun. 4 »
1768 Traité de paix et de commerce entre la France et l'Angleterre, conclu à Utrecht, in 4. 3 »
1769 **Valin.** Ordon. de la marine, 2 v. in 4. 6 0
1770 — Coutume de La Rochelle, 3 v. in 4. 8 »
1771 **Van Espen.** Jus ecclesiasticum universum, 2 vol. in folio. 20 »
1772 **Vicat (Philip.).** Vocabularium juris utriusque, 2 vol. in 4, broché. 4 »
1773 **Wicquefort.** L'ambassadeur et ses fonctions. Lahaye, 1781, 2 vol. in 4, veau brun. 6 »
1774 **Vinnii (Arnoldi)** In quatuor libros institutionum commentarius. Amsterdam. Elzevir, 1665, 1 vol. in-4. 3 50
1775 — Accell. Quæstiones selectæ juris cum notis Heineccii. Lugd. 1777, 2 v. v. 10 »
1776 — Le même, 1761, 2 v. in 4, veau. 10 »
1777 — Lugduni, 1767, 4 vol. in-4, veau. 16 »
1778 — Neapoli, 1754, 9 vol. in-4, parchemin. rel. très-fatiguée. 6 »
1779 **Voet.** Commentarius ad Pandectas, 2 v. in fol. 8 »
1780 **Zoesii** Commentarius ad Pandectas, 2 v. in fol. » »

EXTRAIT DU CATALOGUE DE LITTÉRATURE

(Le Catalogue sera adressé sur toute demande affranchie).

1781 **Ancillon.** Philosophie politique, 4 vol. in-8; Essai philosophique, les 6 vol. in-8, br., net 15 »

1782 **Arago.** OEuvres complètes, 17 vol. in-8, br., net 100 »

1783 — Astronomie populaire, 4 vol. in-8, d.-r., chag. net 30 »

1784 **Armengaud.** Les Galeries de l'Europe, Rome, 1 vol. in-folio, belle d.-rel., chag. rouge 33 »

1785 **Balzac.** OEuvres complètes, 20 vol. in-8 avec grav., br., net 70 »

1786 — Le même ouvrage, belle d.-rel., chag., net 100 »

1787 **Barante (De).** Histoire des ducs de Bourgogne. Paris, Furne, 8 vol. in-8, br., grav., net 35 »

1788 **Bayle.** Dictionnaire historique et critique, édition publiée par Beuchot, 16 vol. in-8, d.-bas., net 80 »

1789 **Béranger.** OEuvres, 5 vol. in-8 dont 1 de musique, br., net 20 »

1790 — Le même ouvrage, d.-rel., net 20 »

1791 — Le même, avec figures de Grandville, 3 vol. gr. in-8, d.-rel., net 20 »

1792 — Le même ouvrage, édit. Perrotin, 1856, 2 vol. rel. en 1 seul 20 »

1793 **Bescherelle.** Dictionnaire national, 2 v. in-4, br., net 32 »

1794 — Le même, d.-rel. chag., net 42 »

— Le même ouv., d.-rel. bas., net 38 »

1795 — Grammaire nationale, 1 vol. grand in-8, br., net 5 50

1796 — Le même ouvrage, d.-rel., net 6 50

1797 **Bescherelle et Devars.** Dictionnaire de géographie universelle, 4 vol. in-4, rel. en 2, d.-chag., net 50 »

1798 — Le même ouvrage, br., net 42 »

1799 **Biographie générale (Nouvelle),** sous la direction du Dr Hœffer, 36 vol. in-8, br., net 80 »

1800 — des Contemporains, avec portraits, 20 vol. in-8, d.-rel., net 20 »

1801 **Biot.** Astronomie physique, 5 vol. in-8, d.-rel., net 48 »

1802 — Traité de physique, 4 vol. in-8, d.-rel., *très-rare,* net 30 »

1803 **Blanc (L.).** Le Nouveau-Monde, journal politique. Du 15 juillet 1849 à juin 1850, 1 vol. in-8, d.-rel., net 3 50

1804 — Histoire de 10 ans. Paris, 1844, 5 vol. in-8, br., net 10 »

1805 — Le même ouvrage, nouvelle édition, 5 vol. in-8, avec fig., net 18 »

1806 **Blanc (Ch.).** Vie des peintres, 320 livr. à 1 fr., net » 65

1807 **Boileau.** OEuvres complètes. Amsterdam, 1772, 5 vol. in-12, rel., net 8 »

1808 **Bordier et Charton.** Hist. de France, illustrée, 1859, 2 vol. gr. in-8, br. 12 »

1809 Le même, belle d.-rel., chag. bleu 16 »

1810 **Bouillet.** Dictionnaire d'histoire et de géographie, 1 vol. gr. in-8, d.-rel. 17 »

1810 *bis.* — Diction. des sciences et des lettres, 1 vol. gr. in-8, d.-rel., net 17 »

1811 — Dictionnaire de l'antiquité sacrée et profane, 1841, 2 vol. in-8, d.-bas., net 8 »

1812 **Bourgery et Jacob.** Traité complet de l'anatomie de l'homme, comprenant la médecine opératoire, dessiné d'après nature, 16 vol. in-fol., d.-rel. bas., fig. noires, net 450 »

1813 — Le même, belle d.-rel. chag., fig. color., net 800 »

1814 **Brantôme.** OEuvres, 2 vol. gr. in-8, d.-chag., net 11 »

1815 — Le même, d.-rel., bas., net 10 »

1816 — OEuvres complètes, 1822, 8 v. in-8, d.-rel. en 4 vol., net 35 »

1817 **Brunet.** Manuel du libraire et de l'amateur de livres, 4e édition, 5 vol. in-8, belle d.-rel. cuir de Russie 65 »

1818 — Le même ouvrage, 2e édition, 1814, 4 vol. in-8, rel., net 10 »

1819 **Buffon.** OEuvres complètes, édit. Furne, 6 vol. gr. in-8, d.-rel. chag. 45 »

1820 — Le même ouvrage, br. 50 »

1821 — Le même ouvrage, revu par E. Faivre, 11 vol. gr. in-8, br. 40 »

1822 **Cantu.** Histoire universelle, 19 vol. in-8, brochés, coupés, net 90 »

1823 — Le même ouvrage, d.-rel., net 115 »

1824 **Capefigue.** OEuvres contenant: Restauration, les Juifs, Louis XIV, Richelieu, etc., 69 vol. in-8, d.-rel., très-propres; l'histoire de Napoléon, 6 vol., est cartonnée non rognée, net 175 »

1825 **Chateaubriand.** OEuvres complètes, Dufour, 16 vol. gr. in-8, br., belles grav. en acier 45 »

1826 — Le même ouvrage, relié, 8 vol. d.-chag., net 65 »

1827 — OEuvres complètes (du Panthéon littéraire), 5 vol. gr. in-8, d.-bas, net 18 »

1828 — Le même, édition Lefebvre, 5 vol. gr. in-8, d.-rel., net 15 »

1829 — OEuvres complètes, L'Advocat, 1828, 26 vol. in-8, reliés en toile, non rognés, net 30 »

1829 *bis.* Le même, œuvres choisies, 1850, 10 v. in-8, fig. 15 »

1830 **Chenu.** Encyclopédie d'histoire naturelle, 22 vol. in-4, avec fig., net 75 »

— Du même ouvrage, vol. séparés 4 »

1831 **Christian (M.).** Traité de mécanique industrielle, 3 vol. de texte et 1 vol. de pl.; les 4 vol. in-4, rare, net 28 »

1832 **Cicéron.** OEuvres complètes, traduction de Nisard, 5 vol. gr. in-8, d.-rel. très-propre, net 50 »

1833 **Classiques français** publiés par MM. Didot frères, format Charpentier. Chaque volume broché, 3 fr., net 2 »

— Belle d.-rel. chag., net 3 »

Cette collection contient: Beaumarchais, 1 vol.; — Bernardin de Saint-Pierre, 2 vol.;

— Boileau, 1 vol.; — Bossuet, Histoire universelle, Oraisons, Sermons, 3 vol.; — Buffon, 2 vol.; — Cervantes, Don Quichotte, 1 vol.; — Corneille, 2 vol.; — Courier 1 vol.; — Cuvier, 1 vol.; — Delille, 1 vol.; — Fénelon, Télémaque, Education des filles, Existence de Dieu, 3 vol.; — Florian Fables, 1 vol.; — Labruyère, 1 v.; — La Fontaine, Fables, 1 vol.; — La Rochefoucauld, 1 vol.; — Lesage, Gil Blas, 1 vol.; — Louis Racine, 1 vol.; — Malherbe, Rousseau et Lebrun, 1 vol.; — Massillon, 1 vol.; — Molière, 2 vol.; — Montesquieu, Grandeur des Romains et Esprit des lois, 2 vol.; — Pascal, 2 vol.; — Racine, 1 vol.; — Regnard, 1 vol.; — Rousseau, Nouvelle Héloïse, Emile, Confessions, petits Chefs-d'Œuvre, 4 vol.; — Sévigné, 1 vol.; — Staël, Corinne, Delphine, De l'Allemagne, 3 vol.; — Silvio Pellico, 1 vol.; — Voltaire, Henriade, Théâtre, Contes, Siècle de Louis XIV, Siècle de Louis XV, Charles XII, Romans, 7 vol.

1834 **Collection** complète des auteurs latins, publiée par Lemaire, 152 vol. in-8, brochés très-propres　400 »

1835 **Collin (de Plancy).** Dictionnaire infernal, 4 vol. in-8, avec planches, d.-bas., fatigués, net　25 »

1836 — Le même ouvrage, d.-rel. très-propre, net　30 »

1837 **Comte.** Le Règne animal, disposé en tableaux méthodiques, 91 tableaux sur gr. colombier, représentant environ 5000 fig. d'animaux, net　40 »

1838 **Cooper.** Œuvres complètes, traduction de Defauconpret, 30 vol. in-8, belle d.-rel. chag., net　140 »

1839 **Coquelin.** Dictionnaire de l'économie politique. Paris, 1852, 2 vol. gr. in-8, d.-rel. chag., net　40 »

1840 **Condillac.** Cours d'étude, 16 vol. in-8, rel., net　16 »

1841 **Corneille.** Œuvres complètes, Paris, Lefèvre et Furne, 12 vol. in-8, br., rare, net　60 »

1842 — Le même ouv., belle d.-r., net　80 »

1843 — Œuvres complètes. Rouen, 1831, 12 v. in-8, d.-rel., net　40 »

1844 — Les mêmes œuvres complètes. Paris, 1830, 11 vol. in-8, d.-rel., net　30 »

1845 **Courier (P. L.).** Œuvres complètes, 4 vol. in-8, br., net　11 »

1846 — Le même ouvrage, d.-rel., net　13 »

1847 **Cuvier.** Le Règne animal, 20 vol. in-4, d.-maroquin, avec coins, tr. sup. dorée (bel exemplaire), net　340 »

1848 **Delamarck et Decandolle.** Flore française, 5e édition, 6 vol. in-8, brochés en carton, net　40 »

1849 **Dictionnaire** de la conversation, 52 vol. en 104 liv. in-8, net　52 »

1850 — Le même ouvrage, avec le supplément, 68 vol. in-8, d.-rel., net　110 »

1851 — de la conversation, nouvelle édition, 16 vol. gr. in-8, br., net　140 »

1852 — Le même ouv., b. d.-rel. ch., net 180 »

1853 — de l'Académie, 6e éd. 1835, 2 vol. in-4, d.-bas, net　22 »

1854 — Le même ouvrage, avec le complément, 3 vol. in-4, d.-rel., net　45 »

1855 **Dictionnaire des sciences médicales,** 60 vol. in-8, br., net　60 »

1856 — Le même ouvrage, d.-rel., net　80 »

1857 — des sciences naturelles, 60 vol. in-8 de texte et 12 vol. de fig. noires, net　75 »

1858 **Diderot et D'Alembert.** Encyclopédie universelle, 36 vol. in-8 de texte et 3 vol. de pl., net　30 »

1859 — Le même ouvrage, format in-4, 39 vol. rel., net　60 »

1860 **Don Bedos.** L'Art du facteur d'orgues, 4 tom. en 3 vol. in-fol. d.-rel.　25 »

　Le titre et les premières pages du 2e vol. sont remontés.

1861 **D'Orbigny.** Dictionnaire d'histoire naturelle. 25 vol. gr. in-8, br., avec pl. col., net　200 »

1862 — Le même, belle d.-rel.　230 »

1863 **Dumont d'Urville, d'Orbigny, Eyriès et A. Jacob.** Collection générale des voyages, 4 b. vol. gr. in-8, br., net 22 »

1864 **Echo des Feuilletons.** Collection complète, 25 vol. gr. in-8, avec figures, brochés, très-propres, net　60 »

1865 **Edme (Saint-).** Dictionnaire de pénalité. 5 vol. in-8, br., grav., *rare*, net　20 »

1866 **Encyclopédie** du XIXe siècle. Relié en 26 vol., net　270 »

　Nota. Il a paru en 1850 un nouveau supplément en 2 vol., net　12 »

1867 — moderne, publiée par Didot. 27 vol. in-8 de texte et 3 vol. de pl., br.　60 »

1868 — Le même ouvrage, d.-rel.　80 »

1869 **Etienne.** Œuvres complètes, 5 vol. in-8, pl.-rel., mar. vert doré sur tranche　20 »

1870 **Évangiles (les Saints).** Traduits par l'abbé Dassance. Paris, Curmer, 1836, 2 vol. in-4, fig., rel.-pl., tr. dorée　30 »

1871 **Fabre.** Bibliothèque du médecin praticien. 15 vol. in-8, br., net　80 »

1872 **Fénelon.** Les Aventures de Télémaque. Edition des classiques Lefèvre, 2 vol. gr. in-8, d.-veau fauve, non rogn.　15 »

1873 **Français (Les)** peints par eux-mêmes, 9 vol. gr. in-8, d.-rel., fig. color.　75 »

1874 **Guilhabaud.** Architecture du Ve au XVIIe siècle. 200 liv. br., net　200 »

1875 — Le même ouvrage, belle d.-rel., chagrin rouge　200 »

1876 — Monuments anciens et modernes, 4 vol. in-4, d.-rel., non rognés　235 »

1877 **Grandville.** Les animaux peints par eux-mêmes, 1842, 2 vol. gr. in-8, cart. non rog. net　35 »

1878 — Le même, d.-rel., tr. dorée　35 »

1879 **Guilbert.** Histoire des villes de France, 6 vol. in-8, br., tr. pr., net　50 »

1880 **Harmonville (D').** Dictionnaire des dates. Paris, 1842, 2 vol. gr. in-8, d.-rel. bas., net　25 »

1881 **Herculanum et Pompey.** Recueil de peintures, bronzes, mosaïques, etc., gr. par Roux (aîné), 8 vol. in-4 (compris le musée secret), bel exemplaire　110 »

1882 **Histoire** de la Bastille et du Donjon de Vincennes, avec fig., 8 vol. in-8, rel. en 4 vol. b.-bas., net　20 »

1883 **Hugo (Victor).** Œuvres complètes. 20 vol. in-8, d.-ch., net　100 »

1884 — Le même ouvrage, 20 vol. in-8, br., net　70 »

1885 — Le même ouvrage avec les misérables, en tout, 30 vol., belle d.-rel. ch. 150 »
1886 **Hugo.** La France pittoresque, 3 vol. in-4, remplis de gravures, d.-rel. 12 »
1887 **Humboldt.** Cosmos... 4 vol. in-8, d.-rel. très-propre, net 30 »
1888 **Illustration.** Collection complète 1843 à 1862 inclusivement, 40 vol. in-fol. d.-rel., très-propres, net 320 »
1889 **La Fontaine.** Œuvres complètes, édition des classiques Lefèvre. 1826, 6 vol. in-8, belle d.-rel., veau fauve avec coins tr. sup., dorée 80 »
1890 **Laharpe.** Cours de littérature, 16 vol. in-8, d.-rel., net 20 »
1891 **Lamartine.** Histoire de Turquie, 8 vol. form. Charpentier, rel. en chag., net 12 »
— Le même, broché, net 6 »
— Cours familier de littérature, tom. 1 et 2, d.-rel. 10 »
1892 **Lamé.** Cours de physique. 2e édition, 3 vol. in-8, d.-rel., rare, net 30 »
1893 **Landais (Napoléon).** Dictionnaire des dictionnaires français, 1re édit., 1834, 2 vol. gr. in-8, d.-rel. 11 »
1894 — Le même, rel. en un seul vol. 11 »
1895 — Le même ouvrage, 3e édition, 2 vol. in-4, d.-rel. 18 »
1896 — Grammaire française, 1 vol. gr. in-8, d.-rel., basane 5 »
1897 **Lapie.** Atlas de géographie universelle. Paris, 1820, in-fol. d.-rel. 50 »
1898 **Lesage.** Atlas historique. Paris, 1807, in-fol. d.-rel. 20 »
1899 **Locke.** Œuvres philosophiques, traduites par Thurot, 7 vol. in-8, bas. (exempl. de prix) 20 »
1900 **Louandre (Ch.).** Les Arts somptuaires, histoire des costumes et de l'ameublement. 4 vol. in-4, br., net 280 »
1901 **Malte-Brun.** Géographie universelle, édition Garnier, 6 vol. gr. in-8 d.-rel., net 30 »
1902 **Martin (Henry).** Histoire de France. 17 vol. in-8, br., coupé, net 78 »
1903 — Le même, belle d.-rel. chag. (rel. neuve), net 100 »
1904 — Le même, avec fig., rel., net 115 »
1905 **Mémoires** secrets, ou Journal d'un observateur à Londres. — 1784-1789. — 36 vol. in-12, bas. pleine, net 40 »
1906 **Mémoires** relatifs à la Révolution française. De cette collection: Guerres des Vendéens et des Chouans. Paris, Baudoin, 1827, 6 vol. in-8, br., net 20 »
1907 **Michaud.** Biographie universelle, 85 vol. in-8, gr. pap. vel. d.-rel., tr. pr., net 350 »
Les tomes 1 à 71 sont avec les portraits.
1908 — Du même ouvrage, les tomes 1 à 52, br., net 100 »
1909 **Michaud et Poujoulat.** Collection de Mémoires relatifs à l'histoire de France. 34 vol. gr. in-8, d.-rel., net 225 »
1910 **Michelet.** Révolution française, 7 v. in-8, br., net 40 »
1911 **Mirabeau.** Œuvres complètes, 9 vol. in-8, d.-rel., net 40 »
1912 — Mémoires, 8 vol. in-8, d.-rel., 20 »

1913 **Molière.** Œuvres complètes, Baudouin, 6 vol. in-8, d.-bas. 12 »
1914 **Moniteur Universel,** depuis l'origine jusqu'en 1859 compris, avec l'introduction et les tables de l'origine à 1809, cartonné en vélin, 1810 à 1859, d.-rel. bas., racine, en tout 150 vol. in-fol., bel ex., net 1500 »
1915 — (Réimpression de l'ancien), de 1789 à 1799. 32 vol. gr. in-8, d.-rel., net 200 »
1916 **Montaigne.** Œuvres complètes, édition des classiques Lefèvre, 5 vol. in-8, d.-chag. 50 »
1917 **Montémont (Albert).** Histoire universelle des Voyages, 46 v. in-8, br., net 40 »
1918 — Le même, d.-rel., net 60 »
1919 **Montesquieu.** Œuvres complètes, édition Dalibon, 9 vol. cart. non rognés, très-propres 35 »
1920 **Montfaucon.** L'Antiquité expliquée et représentée en figures. Paris, 1719, 10 vol. in-fol., veau plein, net 125 »
— Le même avec le supplément, 15 vol. bon exemplaire 400 »
1921 **Moyen âge (Le)** et la Renaissance, par Serret. 5 vol. in-4, belle d.-rel. chag., tr. dorée, ex. de souscription avec la liste des souscripteurs, belles épreuves 420 »
1922 **Musée des familles,** 26 premières années br., très-propres 65 »
1923 **Nisard.** Collection des auteurs latins. 27 vol. gr. in-8, d.-rel. chag., net 300 »
1924 **Panckoucke.** Collection complète des auteurs latins, avec la traduction française en regard. 1re et 2e série, 211 vol. in-8, br., net 800 »
1924 bis. — Le même ouvrage, cartonné en papier rouge, net 900 »
1925 **Pfister.** Histoire d'Allemagne, 11 vol. in-8, d.-rel. propre 30 »
1926 **Poitevin.** Dictionnaire de la langue française, 2 vol. in-4, br., net 30 »
1927 — Le même ouvrage, d.-rel. chag. 40 »
1928 **Pouqueville.** Régénération de la Grèce, 4 vol. et Voyage de la Grèce, 6 vol., en tout 10 vol. in-8, bonne d.-rel. (avec cartes) 22 »
1929 **Racine.** Œuvres complètes. Paris, Lefèvre et Furne, 6 vol. in-8, rare, d.-rel. chagrin rouge plats tolle 70 »
1930 — Théâtre complet, orné de 57 grav. avant la lettre, de Girodet, Gérard, etc. Paris, Didot, 1816, 3 v. gr. in-8, d.-rel. maroq. du Levant, non rogné (bel exemp.) 75 »
1931 **Raguse.** Mémoires. Paris, Perrotin, 9 vol. in-8, br., net 15 »
1932 **Regnault (Elias).** Histoire de huit ans, de 1840 à 1848, suite à l'Histoire de dix ans, 3 vol. in-8, broché, net 10 50
1933 — Le même ouvrage, belle d.-rel. 15 »
1934 **Reid (Th.).** Œuvres complètes, traduction de Jouffroy, 6 vol. in-8, d.-rel. rare 40 »
1935 **Revue des Deux-Mondes.** Collection complète, 1831 à 1862, br. et en livraisons.
1936 — De la même collection, grand nombre d'années et de numéros séparés.
1937 **Rousseau.** Œuv. compl., Paris, Armand-Aubrée, 17 v. in-8, d.-rel., ch., net 35 »
1938 — Le même ouvrage broché, net 20 »

Imprimé par Charles Noblet, rue Soufflot, 16.

Contraste insuffisant

NF Z 43-120-14